本专著受湖南师范大学"体育学"湖南省重点学科与
康复"湖南省重点实验室资助。基金项目：2018 年湖南省
施项目（2018R004Y）。

U0518625

中国体育知识产权
法律保护

龚　韬◎著

知识产权出版社

全国百佳图书出版单位

图书在版编目（CIP）数据

中国体育知识产权法律保护／龚韬著．—北京：知识产权出版社，2019.4

ISBN 978 - 7 - 5130 - 3028 - 1

Ⅰ.①中… Ⅱ.①龚… Ⅲ.①体育—知识产权保护—研究—中国 Ⅳ.①D923.404

中国版本图书馆 CIP 数据核字（2018）第 255384 号

责任编辑：崔开丽　　　　　　　　　　责任校对：王　岩

封面设计：SUN 工作室　韩建文　　　　责任印制：孙婷婷

中国体育知识产权法律保护

龚　韬　著

出版发行：知识产权出版社 有限责任公司	网　　址：http：//www.ipph.cn
社　　址：北京市海淀区气象路 50 号院	邮　　编：100081
责编电话：010 - 82000860 转 8377	责编邮箱：cui_kaili@ sina.com
发行电话：010 - 82000860 转 8101/8102	发行传真：010 - 82000893/82005070/82000270
印　　刷：三河市国英印务有限公司	经　　销：各大网上书店、新华书店及相关专业书店
开　　本：787mm×1092mm　1/16	印　　张：10.75
版　　次：2019 年 4 月第 1 版	印　　次：2019 年 4 月第 1 次印刷
字　　数：137 千字	定　　价：45.00 元

ISBN 978 - 7 - 5130 - 3028 - 1

出版权专有　侵权必究

如有印装质量问题，本社负责调换。

摘　　要

近年来，随着现代科技与体育产业融合的不断深入，体育领域从宏观管理到具体运动项目实施，从运动智力开发到动态技术执行，无不体现了诸多学科知识的渗透与交叉。体育领域中知识含量的多少俨然已成为反映各个国家综合国力的重要指标。在体育知识化、科技化、专业化、社会化浪潮下，大量的体育知识产权客体随之产生，成为推动社会经济发展的重要动力。但是我们也应该看到，在我国体育领域，仍有不少终端智力成果尚未列入知识产权保护的范围，以至于体育知识产权被侵犯的情形时有发生。因此，很有必要在研究我国体育知识产权基础理论的特殊个性及域外知识产权保护实践的基础上，结合我国体育知识产权现状，有针对性地深入探讨和优化我国体育知识产权保护的具体路径和方案。

全书共分七章，基本内容如下：

第一章为导言部分。该章主要包括选题的缘起、研究的意义、研究现状、研究方法和技术路线四个方面的内容。在该部分，首先，提出新形势下我国体育知识产权地位的提升与其保护的必要性。其次，阐述了选题的理论与实践意义。理论意义方面，本书将澄清我国体育知识产权保护理论和实践中关于知识产权与体育知识体系的建构、体育赛事知识产权主体的确定、体育冠名权的界定、非专利技术主体的确定与属性等一些认知上的误区；实践意义方面，本书为我国体育及相关职能部门提供了可供借鉴的经验和方案，并系统地提出了建构我国体育知识产权保护制度的构想。再次，回顾了国内外有关体育知识产权保护的研究现状。最后，阐明了本书的研究方法和技术路线。

第二章为知识产权与体育知识产权概述。在本章中，厘清了知识产权与体育知识产权的基本概念，将知识产权分为专利权、商标权、著作权、未披露过的信息专有权；将体育知识产权分为体育赛事转播权、体育冠名权、体育非专利技术、民族传统体育非物质文化遗产。我国知识产权制度暨促进其运用的政策在不断完善，主要体现在加强对知识产权创造的资金支持；调整知识产权权利归属。同时知识产权制度暨促进其运用政策也存在一些问题：国有资产政策管理不适用于技术性无形资产的管理；知识产权保护的制度缺陷；知识产权的共性特征使得知识产权诉讼成为民事诉讼的一个大类；知识产权具体权利内容的差异导致其对应的特征不同，从而直接影响到权利救济的途径和救济程序。

第三章为我国体育赛事转播权知识产权保护问题。在本章中，首先对我国体育赛事转播的法律属性进行了确定，明确了我国体育赛事转播的权利来源，指出体育赛事画面的传播类型分为直播与转播、交互式网络传播与非交互式网络传播。对体育赛事转播来讲，影响体育赛事转播画面独创性的因素有很多，一场具有独创性的体育赛事转播节目，其内容具有创意特色，而非简单的现场画面的重现。笔者在回顾国外体育赛事知识产权保护现状和我国体育赛事知识产权保护现状的基础上，明确了体育赛事转播权的主体，认为参赛队员的竞争性致使其不能成为转播权主体，运动员的利益通过薪金获得，主办方作为转播权主体是国际惯例。针对当前网络盗播问题逐渐增多的形势，认为必须明确体育赛事网络传播受立法保护，在涉及网络盗播裁定时，法院应重视发挥判例的指导作用。

第四章为我国体育冠名权知识产权保护问题。在本章中，首先，明确了体育冠名权的概念及特点，指出它由两方面组成：积极性和消极性。积极性指对冠名的使用、处分等积极方面，消极性指非法盗用、损害冠名主体的冠名权利的负面方面。认为体育冠名权的主体是冠主，被选择的名称是体育冠名权的客体，而并不是体育队伍、体育场馆等被冠名的对象，也并非冠名这种抽象行为。以亚冠恒大球衣换名案为案例，分析了体育冠名权的法律性质，指出体育冠名权是一种兼具公共属性的私权，它的行使具有排他性，同时对第三人具有相应的约束力。其次，笔者在对当前体育冠名权转让方面存在的几种不同观点分析的基础上，对体育冠名权转让的可行性进行了分析，认为体育冠名权具有财产性质，体育冠名权和名称权具有很强的依附关系，它的转让有利于促进体育产业的发展。最后，对体育冠名权转让费的计算标准和体育冠名权的法律保护进行了分析。

第五章为我国体育非专利技术知识产权保护问题。首先，厘清了非专利技术和体育非专利技术的概念，指出体育非专利技术形式非常丰富，认为体育非专利技术的主体包括了公民、非法人组织、法人、政府组织等。其次，从价值性、非专利性、保密性、实用性四个方面论述了体育非专利技术的主要特点。不过，体育非专利技术不受《中华人民共和国著作权法》（以下简称《著作权法》）和《中华人民共和国专利法》（以下简称《专利法》）的保护，受到《中华人民共和国反不正当竞争法》（以下简称《反不正当竞争法》）的保护，需要我国司法机关在立法上予以界定。

第六章为我国体育非物质文化遗产知识产权保护问题。在本章中，首先，明晰了我国传统民族体育知识产权保护对象，其次，对我国民族传统体育非物质文化遗产知识产权保护现状进行了剖析。在对我国体育非物质文化遗产权利主体、权利对象和权利内容确定的基础上，以法律的视角，总结出现行的三种保护传统非物质文化遗产的模式，即行政法主导保护民族传统文化非物质文化遗产的模式；直接知识产权法律主导保护的模式；知识产权专项保护的模式。最后，从知识产权视角对我国民族传统体育非物质文化遗产的保护提出建议。

第七章为结论部分。

目　　录

第一章

导言

一、选题缘起

体育知识产权作为知识产权制度的重要组成部分，正日益引起广泛关注。当前，很多发达国家对体育知识产权实施了保护措施。近年来，中国体育产业发展迅速，并上升为国家战略。2014 年10 月20 日，国务院印发了《国务院关于加快发展体育产业促进体育消费的若干意见》，国家第一次从产业角度出发，把发展体育产品和相关服务作为重点，为我国的体育行业未来的发展做出了详细计划：推动产业发展的同时，增大体育总产值，积极发展足球、篮球和排球事业，提高全民健身意识，到 2025 年，总产值达到 5 万亿元。[①] 国务院于 2016 年10 月 25 日颁布的 77 号文件，提出了对于我国体育健身等相关产业的发展规划：截至 2025 年，我国的体育健身和休闲等行业的产业结构以及布局都趋向合理化、体育项目的种类更加丰富多彩、市场管理制度不断建立和完善、对体育产业的环境和结构逐渐改善和优化，并促进与其他同类型的产业共同交流和发展，以便为消费者提供更加优质的服务，促进消费者对体育健身和休闲产业的需求，使其产业的总体规

---

① 国务院. 关于加快发展体育产业促进体育消费的若干意见. http://www.gov.cn/zhengce/content/2014 – 10/20/content_9152. htm.

模如期达到 3 万亿元。可见，体育在中国的经济地位得到了质的提升。① 国家体育总局、国家统计局于 2016 年 12 月 27 日下午联合发布了关于 2015 年国家体育产业规模及增加值数据的公告，公布了该年度体育产业的统计数据。2015 年，国家体育产业规模的总产值（总规模）达 1.7 万亿元，增加值达 5494 亿元，占同期国内生产总值的 0.8%。

2015 年 12 月 22 日，国务院印发了《关于新形势下加快知识产权强国建设的若干意见》〔国发（2015）71 号〕，这是我国对"十三五"及未来对知识产权工作的重大部署，体现了我国对知识产权工作的重视和支持。该意见明确，为了促进新型产业和技术以及新业态的蓬勃发展，积极响应国家发展规划，深化知识产权在重点领域的突破，加大对其的保护力度，支持全民积极创业。到 2020 年，我国的创新和创业环境将进一步得到优化，并在知识产权的一些关键环节和重要领域上取得重大突破，形成具有中国特色和国际竞争力的知识产权新优势，将我国建设成国际化水平的知识产权强国。与此同时还要进一步完善知识产权管理体制。可见，知识产权在我国的地位得到重大提升。

同时，在全球科学技术发展迅速，市场竞争也日益激烈新形势下，由于知识产权涉及面广、影响力大，全球经济的发展越来越注重对其的保护。体育领域具有其鲜明的独特性，知识产权对其领域的影响力较其他领域更为凸显。②

二、选题意义

（一）理论意义

本书从理论上对体育知识产权的概念、特征、类型、价值以及功

---

① 张玉超. 我国体育知识产权的基本法律问题研究［J］. 中国体育科技，2014，02：103－111.
② 张岩晶. 试论我国体育知识产权的保护问题［J］. 体育科技文献通报，2014，06：117－118.

能等基本问题进行阐述，试图厘清体育知识产权保护理论中的若干误区；从理论上对我国体育知识产权保护制度的整体建构思路和内容进行了分析和论证。研究体育知识产权保护制度，对丰富我国体育知识产权保护理论，完善体育知识产权保护制度有着重要的理论价值。

（二）实践意义

随着国际体育市场的发展，尤其近年来，我国体育市场远超 GDP 增速的发展趋势，涌现出一大批体育实体、经营等企业，在中国这个潜在超级体育市场中，国人对体育知识产权保护的意识在不断增强。同时，我国的知识产权法律体系建立才短短 30 多年的时间，在进入"新常态"的新形势、新情况下，探索我国体育知识产权保护意义深远。

首先，保护体育知识产权有利于体育产业的发展，对于促进体育经济发展有着重要的实践价值。如今体育产业已经全球化，例如奥运会、足球世界杯、世界一级方程式锦标赛等全球性体育赛事，无不引起了全球的关注，这些重大赛事使国与国之间的界限变得越来越模糊，以至于知识产权的地域性并不显著，但现实情况是体育知识产权具有明确的拥有者和国籍。自 20 世纪 90 年代开始，电视转播权出售所带来的收益逐渐占据了奥运会总收入的 1/2。[①] 据统计，在法律、营销、技术的三重发展下，夏季奥运会转播权销售价格在 1988—2008 年的 20 年间提升了 4 倍以上，冬季奥运会转播权售价提升速度虽不及夏季奥运会，但在 20 年间也提高了 2 倍以上。2012 年伦敦奥运会及 2010 年温哥华冬奥会转播权打包售价达到 39 亿美元，较北京奥运会、都灵冬奥会又有很大的提升。这些数据表明，体育知识产权所带来的经济收入是非常惊人的。

---

① 王晓东，柯佳. 媒介融合时代奥运会转播权开发研究 [J]. 新闻战线，2015，10：49 - 51.

其次，体育知识产权对社会经济的发展以及对体育品牌保护有重要意义。我国加入 WTO，特别是成功举办 2008 年夏季奥运会后，体育知识产权在促进我国社会经济发展方面成绩斐然。同时，随着我国体育科技技术的不断进步和应用，推动了体育知识产权保护体制的不断完善，进而促进我国体育无形资产的开发利用，促使体育产业平稳健康发展。

三、体育知识产权国内外研究综述

（一）国外体育知识产权研究

随着全球各个国家经济的迅猛发展，国际一体化的步伐也越来越迅速，到 20 世纪 90 年代，以美国、日本和欧共体为首的 3 个体育行业市场逐渐形成，其产业销量霸占了全球市场的 73.8%，其中美国、欧共体和日本分别占 35.6%、21.6% 和 16.6%。2007 年，《欧盟体育白皮书》显示，体育产业在经济发展中扮演了举足轻重的角色，其生产总值占 GDP 的 3.7%，即 4070 亿欧元，从事体育事业的相关人员占同年欧洲联盟经济体所有从业人员的 5.4%，为 1500 万人。体育事业发展带来的巨大经济效益使各国与体育相关的产业规模迅速扩大，美国、日本成为最大的受益国，截至 2008 年，两国体育产业规模分别达到 4411 亿美元和 1130 多亿美元。[①] 欧美体育事业相比全球各国已经遥遥领先，日本也迅速追赶。在各国体育事业发展的过程中，欧美日以其独特的发展方式和管理模式，在全球体育产业中稳占霸主地位。体育知识产权能为体育经济的繁荣发展保驾护航，由此可见，要带动国家经济的稳步发展，必然要提高对体育知识产权的保护意识。

1976 年美国国会通过了《美国版权法》，该法明确了职业体育联

---

① 赵发田. 创意经济时代：民族传统体育发展的新契机［J］. 体育与科学，2011，03：84－87.

盟节目的版权受法律保护。该法还规定有线电视公司可以象征性地付费重播职业体育比赛，有效解决了职业体育联盟和球队与电视转播机构之间由来已久的矛盾。其他一些国家也非常重视体育知识产权保护工作，如巴西足球运动的蓬勃发展，显然与该国将足球比赛纳入知识产权保护范围是分不开的；意大利为足球这项运动专门制定了法律；澳大利亚特意制定了悉尼奥运会会标形象保护法。

1981 年在内罗毕的世界知识产权组织会议上通过了《保护奥林匹克会徽条约》，这个条约可以被视为世界上最早的体育知识产权保护的专项条约。该条约规定："成员国非经国际奥林匹克委员会许可，有义务拒绝以国际奥林匹克委员会宪章规定的奥林匹克会徽组成的或含有该会徽的标志作为商标注册，或使其注册无效；并应采取适当措施禁止出于商业目的以此种标志作为商标或其他标记使用。"①

总的来说，绝大多数的发达国家对体育赛事知识产权的保护较为重视，也颁布了相应的法律作为支撑，比如美国和德国，甚至为此出台了专项法规以促进全社会体育产业的发展。而从国际情况来看，综合性体育赛事的知识产权保护，则一般通过国际条约或国际惯例来实现。

目前，国外学者对体育知识产权的研究主要侧重以下几点：

在体育的专有技术方面，大多欧美学者肯定了体育专有技术的体育知识产权属性，他们认为这种非物质性的无形资产，可以通过价值衡定的方式利用法律进行保护。不过，各国对专有技术司法救济的立法和司法实践各异。英美法系国家一般倾向于肯定专有技术的所有权属性，而大陆法系的国家一般不认可专有技术具有法定的权利。国外有些学者认为专有技术法律属性的确定是获得法律保护的基础，关系

---

① 来源：中国网。http://www.china.com.cn/law/flfg/txt/2006-08/08/content_7057478.htm.

到专有技术法律保护的方式和方法①。

在民族传统体育非物质文化遗产法律保护方面，德国教授Reto Hilty 表明：对于非物质文化遗产的保护方式，可区别于知识产权有关的法律单独确立，两者的起源是不同的。韩国的学者朴荣吉则表示，应当建立和健全新的法律制度来专门保护传统文化，当前的法律已经不能全面系统地保护传统体育文化遗产。

在体育赛事转播权方面，国外对于体育竞赛属性的界定也存在不小的分歧。美国学者 Bernard J. Mulli 等人认为美国的法律认可体育竞赛的版权属性，而实际操作中，往往因著作权人的缺失而导致体育竞赛无法得到法律保护②。虽然体育竞赛可能无法得到法律的保护，但有些赛事组织还是会通过一些措施来维护自身利益。Wall Anne 针对美国有线体育电视台在维护旗下"极限运动"名称及商标符号方面所做的一系列工作进行了分析，指出知识产权应该将体育赛事列入保护的范畴内，使体育比赛转播权保护具有一定的法律依据③。法国学者Cardozo 认为应该将体育比赛电视转播权以立法的形式保护起来，可以作为体育比赛财产权供第三方参与开发的权利。理论界对于体育竞赛属性的分歧，也影响了各国法律的界定。在法国，斗牛士被划入艺术领域，包括体操在内的用身体表现的艺术在版权保护范围之列；在德国，滑冰并非归入运动，而是被当作艺术作品而受到法律保护；在意大利，所有体育比赛似乎都不受版权保护④。在巴西，包括足球在内的运动竞赛受知识产权保护，同时运动员在运动竞赛中也享有话语权，并能从比赛收入中分配相应的利益。J. Quirk 分析了欧盟针对欧洲足联

---

① 钱玉林. 对专有技术法律保护的几点思考 [J]. 法学，1995，(07)：32 – 34.

② Bernard J. Mullin, Stephen Hardy, William A. Sport Marketing. 2nd, Sutton Human Kinetics. 2000，P103.

③ Bernard J. Mullin, Stephen Hardy, William A. Sport Marketing. 2nd, Sutton Human Kinetics. 2000，P105.

④ 弗兰克兹·沃尔洛兹. 体育与版权 [J]. 体育文史，1997，(01)：52 – 53.

打包出售冠军杯转播权所进行的调查，指出冠军杯转播权为欧洲足联带来了巨大的收益，不过高昂的转播费用让一些小媒体望而却步，进而导致电视足球节目减少，用户需要支付的费用上涨，欧盟认定欧洲足联有违竞争法的裁定也给欧洲足联带来了挑战，有可能迫使欧洲足联修正电视转播权的出售方式。①

在体育比赛标志权方面，作为全球盛事，现代奥林匹克运动吸引了世界各地的目光，奥运五环标志更是世人皆知。Deane Patrick 对奥运五环标志、奥林匹克会徽等体育标志进行了研究，并对其以法律法规的形式进行保护。② 当前，许多国家针对奥林匹克体育标志的保护制定了专门的法律。《美国泰德·斯蒂文森奥林匹克与业余体育法》明确规定了美国奥委会拥有包括徽记在内的一切与奥林匹克相关的权力，除了官方标志，美国奥委会还依据商标法注册了商用标志。加拿大奥委会对奥委会标志的开发做了严格规定：生产商必须获得奥委会批准同意，并缴纳相应的费用之后，方可使用标志进行商业开发。土耳其早在 1992 年就通过了《土耳其奥林匹克法》，这是世界上第一部由国家为奥林匹克运动通过的专门法，该法条文中也非常明确地规定了奥林匹克徽记等标志物的商业开发都必须得到政府的批准。澳大利亚作为 2000 年奥运会的承办国，早在 1987 年就制定了《澳大利亚奥林匹克标志保护法》，该法将奥运会所有标志都纳入了保护范围。

从研究内容上看，国外目前的研究主要集中于保护体育知识产权及与市场经济发展的相互促进关系，大力推动保护体育知识产权对社会经济的正面影响，以及对体育品牌的保护和推动社会的进步；从研究方法上看，国外学者主要集中在对体育知识产权保护的实证和个别

---

① J. Quirk & R. R. Fort. The Business of Professional Team Sports. Princeton University Press, 2001，P21.

② 秦庆，张宁，王文宾. 民族传统体育知识产权保护研究［J］. 运动，2011，16：142 - 143 + 154.

案例进行解剖；从研究视角上看，国外学者更加集中于体育知识产权在微观领域，比如体育运动员和单项体育赛事方面的保护作用。

（二）国内体育知识产权研究

目前，国内学界对于体育知识产权的研究主要集中在基本理论、体育赛事传播权、体育标志权、竞赛表演知识产权、非专利技术、民族传统体育、奥林匹克知识产权等方面。

1. 对体育知识产权基本理论的研究

在我国，知识产权属于一种民事权利，其有效性具有一定的时间限制。诸如文学、艺术作品和发明等智力创造，以及商业用途中使用的图像、名称、标志和外观设计等，都可被认为是知识产权，能被某一个人或组织所拥有。张厚福认为，体育知识产权的客体包括了体育著作权、体育专利权、体育商标权、体育广播电视转播权、民族传统体育项目、奥林匹克运动标志、非专利专有技术、体育未公开信息、与知识产权有关的反不正当竞争方法。[①] 项建民认为体育知识产权保护客体不明确，若确定则无法跟上体育科学技术迅速发展的需要。[②]

2. 对体育赛事转播权的研究

有关体育赛事转播权方面的研究，主要集中在两个方面：一是体育赛事转播权法律性质；二是体育赛事转播权的开发。

（1）体育赛事转播权法律性质。

当前，体育赛事转播权的出售，已成为体育组织一项非常重要的经济来源。但如何界定体育赛事转播权的性质，是一个重要的学术问题，同时也具有很强的实践意义。学界对该问题展开了充分的讨论，不过目前依然没有对该项权利的法律属性和权利归属问题达

---

① 张厚福. 体育知识产权的产生与客体 [A]. 全国体育法制建设研讨会论文集 [C]，2001. 11：11 – 18.

② 项建民. 知识经济时代的体育知识产权保护 [J]. 体育学刊，2002，04：26 – 28.

成共识。

目前，学界对体育竞赛法律性质主要存在两种不同观点。

第一种观点认为体育竞赛不是著作权法意义上的作品。在我国出版的相关法学专著中，大多数著者对体育竞赛表演的作品属性持否定态度。韦之认为作品必须能够传播文艺或科学思想，这正是它区别于体育竞赛之处。① 吴汉东则明确指出运动员并不是表演作品的表演者，"表演者是指表演作品的人，而不包括运动员、马戏演员、魔术师等人。"② 一些研究人员也赞同以上观点，申立认为体育竞赛没有艺术独创性，不是文学艺术领域里的作品，而应属于公有领域。③ 熊任翔则明确指出，体育竞赛不符合著作权法中作品的定义，因此它不是作品。④

第二种观点认为体育竞赛应被视为作品。有学者旗帜鲜明地支持将运动竞赛归类于作品，如张厚福认为运动竞赛表演具有思想性、技艺性和可固定性等特征，是体育领域的重要智力成果。⑤ 张杰则认为运动竞赛表演具有独创性和可复制性等特征，符合著作权法中对作品的定义，理应受法律保护。⑥ 还有学者认为艺术体操⑦、健美操⑧等体育竞赛符合著作权法的要求，理应纳入保护范围。

体育赛事转播权的法律地位和性质即便在欧美国家也没有统一的认识。上面提到的这两种观点的差异，也影响了学界对体育赛事转播权的认识。有不少学者认为体育赛事转播权是知识产权，胡效芳等学者认为

---

① 韦之. 著作权法原理 [M]. 北京大学出版社，1998：16.
② 吴汉东. 知识产权法 [M]. 中国政法大学出版社，2002：80.
③ 申立. 体育竞赛与版权保护 [J]. 体育学刊，2003，12：13－16.
④ 熊任翔. 体育比赛的著作权法律保护问题探析 [J]. 经济与法，2005，06：84－85.
⑤ 张厚福. 论运动竞赛表演的知识产权保护 [J]. 体育科学，2001，21：18－23.
⑥ 张杰. 运动竞赛表演中的著作权保护 [J]. 体育学刊，2001，08：14－16.
⑦ 胡效芳，张扬. 论体育技战术创编动作的知识产权保护 [J]. 解放军体育学院学报，2004，23：68－70.
⑧ 陈伟伟，包小林. 论健美操著作权的法律保护 [J]. 嘉兴学院学报（哲学社会科学版），2006，2003，02：35－37.

体育赛事转播权属知识产权的范畴，应受《著作权法》保护。① 于振峰认为体育赛事转播权属于著作权法中的邻接权;② 张旭霞则将体育赛事转播权归纳为现场控制的权利等。③ 李圣旺在分析体育赛事转播权设立经济原因的基础上，将体育赛事转播权的法律定位在著作权法邻接权。④ 也有学者认为体育赛事转播权不是知识产权。蒋新苗和熊任翔两位学者认为赛事转播权与表演者权利在性质上完全不同，因此不能认为它是著作权中的邻接权。⑤ 这两位学者提出的"二分法"来解决体育赛事转播权权利属性的意见，得到了不少研究者的认可，王猛在他的硕士论文中比较认可这种思路⑥，韩勇在其著作中亦支持此观点⑦。不过也有学者对这种二分法进行了反思，冯春认为以二分法将体育赛事转播权分成直播意义和字面意义上两种体育赛事转播权，避免了单一权利属性说者的逻辑谬误，但同时片面割裂了体育赛事转播权在流转过程中发生的属性转换。应当在动态和权利转换视角下正确认识体育赛事转播权的属性，有利于侵权责任的归责。⑧ 此外，还有学者认为体育赛事转播权实质上是一种民事权利，马晓以奥运会赛事转播权为例，指出《奥林匹克宪章》明确规定了国际奥委会对奥运会电视转播权享有全部的权利，接受该宪章就意味着接受其中转播权事项的约定。⑨ 有学者认为体育赛事转播权是一种物权，刘强认为体育竞赛在市场化运

---

① 胡效芳，张扬. 论体育技战术创编动作的知识产权保护 [J]. 解放军体育学院学报，2004，23：68 – 70.

② 于振峰. 我国职业篮球联赛电视转播权的开发及相关立法问题 [J]. 体育学刊，2003，10：14 – 16.

③ 张旭霞. 浅谈体育比赛转播权的法律性质 [J]. 电视研究，2002，10：70.

④ 李圣旺. 大型体育赛事转播权的法律性质分析 [J]. 特区经济，2006，04：302 – 303.

⑤ 蒋新苗，熊任翔. 体育比赛电视转播权与知识产权划界初探 [J]. 体育学刊，2006，13：22 – 25.

⑥ 王猛. 体育赛事传播权研究 [D]. 上海：上海交通大学硕士学位论文，2007.

⑦ 韩勇. 体育法的理论与实践 [M]. 北京体育大学出版社，2009：140.

⑧ 冯春. 体育赛事转播权二分法之反思 [J]. 法学论坛，2016，04：126 – 132.

⑨ 马晓. 奥运会电视转播权及网络转播权的法律分析 [J]. 电子知识产权，2003，04：46 – 49.

作的条件下作为一种服务产品，转播权应该是产品权利人的一种收益权①。还有学者认为体育赛事传播权是一种商品化权，魏鹏娟认为将赛事转播权界定为邻接权缺乏理论基础，它是伴随体育商业化运作出现的，有人身权的属性②。马法超在总结他人观点的基础上分析认为，在我国，体育赛事转播权不属于表演者权，但有成为表演者权的可能③。他认为体育赛事转播权是运动员、教练员、裁判员、俱乐部和协会等共同劳动、协调作用的产物，理应受法律保护。④

（2）体育赛事转播权的开发。

体育赛事广播电视转播权的开发（有偿转让），是体育产业的重要组成部分，也是我国体育理论研究的重要课题。吕明元在20世纪末提出要转变观念，加大体育管理体制和竞赛体制的改革，促进国内体育比赛电视转播权的进一步开发，并强调电视转播的经济效益和社会效益相结合。⑤何慧娴在分析我国体育赛事电视转播权开发实践的基础上，提出要参照国际惯例，结合中国实际积极、稳步地推进。⑥邱大卫提出要进一步推进电视转播市场化建设，并指出"中国加入WTO之后媒体的适度开放只是时间的早晚问题，而体育电视很可能成为最先的实践者。"⑦王晓东通过对世界杯、奥运会、F1赛车三大全球性重大体育赛事电视转播权开发状况的研究，发现这三大赛事的收视规模、收视人群分布范围呈现不同特点：世界杯收视规模要稍高于奥运会，但奥运会收视人群分布范围更广，F1赛车的收视规模

① 刘强，胡峰.体育竞赛及其电视转播权的知识产权保护［J］.南京体育学院学报，2006，02：58-62.
② 魏鹏娟.体育赛事电视转播权法律性质探析［J］.首都体育学院学报，2006，05：25-27.
③ 马法超.体育赛事转播权法律性质研究［J］.体育科学，2008，01：66-88.
④ 马法超.体育赛事转播权的正当性［J］.体育学刊，2010，04：19-23.
⑤ 吕明元.体育赛事电视转播权的开发与思考［J］.天津体育学院学报，1998，03：65-69.
⑥ 何慧娴.无争议规划与有争议实践——我国体育赛事广播电视转播权开发的实践与思考［J］.体育文化导刊，2002，06：2-10.
⑦ 邱大卫.体育赛事电视转播权及其市场开发［J］.成都体育学院学报，2010，04：19-23.

和收视人群分布范围较小。他认为中央电视台作为三大赛事中国大陆转播权的唯一拥有者，这种垄断性地位还会保持一段时期。并指出随着我国新闻管理机制改革和体育传媒市场的开放，最终将会形成众多体育媒体争夺三大赛事转播权的局面。① 电视媒体买方垄断与体育赛事转播权的开发是一对矛盾体，王平远通过分析体育赛事的属性和中国电视媒体的目前状态，依据福利经济学和博弈论建立模型进行深入探讨，认为应该走体育赛事承办方与电视媒体联合的道路②。其他学者对于我国体育赛事转播权的开发现状与展望、提升策略等相关问题也予以了关注。

3. 对体育标志权的研究

关于体育标志权的概念，目前学术界并没有统一的界定。于善旭和马法超认为体育标志是"能够进行市场运营并获得经济效益的，在知名度和规模较大的体育组织和体育活动中以名称、徽记、吉祥物等为表现形式的，反映体育文化特质的专门记号。"③ 两位学者认为知识产权是体育标志权最主要的内容构成。体育标志权的内容包括：专有使用权、许可使用权、收益权、禁用权。国务院公布的《特殊标志管理条例》可以适用于对体育标志的管理与保护之中。刘金利论证了体育标志权人应当对体育标志使用许可产品承担产品责任，但这种责任属于监督责任，应区别于生产者的严格责任，适用过错原则来承担产品责任，并提出体育标志权人如何防范受许可产品带来的产品责任风险的对策。④

---

① 王晓东. 全球性重大体育赛事电视转播权开发状况的解析与思考 [J]. 武汉体育学院学报，2006，10：19-23.

② 王平远. 大型体育赛事电视转播权有效开发探讨——基于福利经济学和博弈论的视角 [J]. 体育科学，2010，10：23-29.

③ 于善旭，马法超. 体育标志与体育标志权初探 [J]. 天津体育学院学报，2001，03：28-32.

④ 刘金利，杨拥军. 体育标志权人对体育标志使用许可产品的产品责任 [J]. 天津体育学院学报，2008，04：348-351.

由于体育标志的使用会产生相应的利益，因此，在体育标志的开发与运营过程中，不可避免发生侵权行为。对体育标志权侵犯的主体主要是各类企业，它们受到利益的驱动，看重的是一些体育标志所具有的巨大经济价值。[1] 有学者认为"侵权行为适用于过错责任和过错推定责任的新的二元归责原则。"[2] 马法超和于善旭在另一文中进一步探讨了体育标志权的实现方式与侵权救济的相关问题。他们认为在市场经济条件下，体育标志权的实现必然采取市场交易的方式，同时，针对学术界的有关争论，认为对侵犯体育标志权的法律救济，可视具体情况，分别进行民事责任、行政责任和刑事责任的追究。[3] 赵智岗和马法超在介绍体育标志权与体育有形财产权、著作权、商标权、专利权以及商号权的联系后，指出体育标志中的名称与商标、商号联系最为密切，徽记和吉祥物与著作权的客体之一美术作品、专利中的外观设计更为相似。[4]

4. 关于竞赛表演知识产权的研究

对于竞赛表演中知识产权的理论界定，理论界并没有取得一致意见。国内学者张厚福认为运动竞赛表演属于专利法保护的范围。[5] 但也有学者持不同意见，如申立认为体育竞赛表演属于公有领域，不属于知识产权保护的范围。[6] 运动竞赛表演不属于著作权法、专利法、商标法的排除领域。我国著作权法明确规定了不受著作权法保护的作品和不适用著作权法的材料有两类，一是由于其内容违反了有关法律、

---

① 陈彬，胡峰. 论奥林匹克知识产权保护的法律依据 [J]. 体育科学，2008，03：79-85.

② 黎鸥. 保护奥林匹克意义重大 [J]. 体育工作情况，2002，06：2-10.

③ 马法超，于善旭. 论体育标志的实现与救济 [J]. 天津体育学院学报，2002，03：1-4.

④ 赵智岗，马法超. 体育标志权与相关权利的关系研究 [J]. 沈阳体育学院学报，2009，049：39-41.

⑤ 张厚福. 论运动竞赛表演的知识产权保护 [J]. 体育科学，2001，02：18-22.

⑥ 申立. 新的技战术不应成为知识产权的保护客体 [M]. [C]. 全国体育法制建设研讨会论文集，2001，11：19-27.

法规，禁止其出版和转播；二是内容虽具有合法性，但欠缺独创性或进入公有领域不能享受著作权保护。运动竞赛表演显然不在其范围内。同样他认为根据专利法和商标法，运动竞赛的有关内容是可使用知识产权法保护的。《中华人民共和国著作权法实施条例》（以下简称《著作权法实施条例》）第 2 条规定："著作权法所称作品，是指文学、艺术和科学领域内具有独创性并能以某种有形形式复制的智力成果。"可见，作品要成为著作权客体，必须具备独创性和可复制性。当然，前提是作品属于文学、艺术和科学领域内的人类智力活动创造出的成果。对于竞赛表演是否属于"文学、艺术和科学领域"，著作权法并未明确规定，不过学界基本意见一致，认为竞赛表演不属于文学、科学领域。

尽管学界对竞赛表演知识产权性质的界定存在分歧，但对保护客体与主体的观点还是比较接近。保护客体方面，学界倾向于类似艺术的体育项目。如张厚福认为竞赛表演与文学艺术作品的不同只是体现在表达方式上，并非本质差异；赵豫则强调应区别对待，他认为诸如花样游泳这些竞赛表演项目与杂技表演没有什么差别，而像举重、击剑等这类竞赛项目没有独特表演特征，不应该列入著作权保护范围①。保护主体方面，学界普遍认为应是一个包括运动员、教练员、科研人员等多群体的集体。张厚福持这一观点，而张杰则进一步分析指出，设计者是著作权最重要的主体，运动员在表演过程中享有表演者权，如果在这一过程中有即兴表演，则对该即兴表演部分享有著作权②。

---

① 赵豫. 体育竞赛电视转播中著作权的法律问题探讨［C］. 全国体育法制建设研讨会论文集，2001.11：102－108.

② 张杰. 运动竞赛表演中的著作权保护［J］. 体育学刊，2001.04：14－16.

5. 关于体育非专利技术知识产权的研究

对于体育非专利技术知识产权，张厚福认为体育非专利技术是体育运动中特有的，既不受国家安全法、科学技术保密条例的保护，又不受专利法保护。体育非专利技术包括：关键的运动技术动作、成套的技术动作、运动及战术、运动训练与恢复方法、体育运动测试方法与手段、饮食与营养药物配方等。① 在这些体育非专利技术中，他认为"重要的运动技术战术"和"科学先进的运动竞赛战术"应属于发明权保护的客体。② 张厚福等人还认为体育非专利技术的创新与《国家科学技术奖励条例》的有关规定相符，且其推广应用有助于提高运动项目技术水平，因此，应该予以认可；并进一步强调体育非专利技术在首次使用前的创新阶段，应按秘密技术保护，在公开使用后效果明显，有良好的社会效益，应享有一定的精神权利。③ 正是因为体育非专利技术无法得到《专利法》的保护，因此有学者以法律关系为视角剖析体育非专利技术。刘亮认为体育非专利技术应受到民事法律关系的相关规范调整，体育非专利技术法律关系的内容主要是参与主体所享有的权利和承担的义务。由于体育非专利技术既涉及私人利益的保护，亦关系公共利益的维持，故在法律保护的指导思想上应当遵循知识产权法上的利益平衡原则。根据体育非专利技术的特点，应当区分其实施前和实施后两种情况分别设定不同的法律保护路径。在法律保护的民事责任方式的设置上，应当坚持以停止侵害、赔礼道歉和赔偿损失为中心的多元责任体系。④

可以说这样的划分，并不准确。如非专利技术中的运动测试方法

---

① 张厚福. 体育知识产权的产生与客体 [A]. 全国体育法制建设研讨会论文集 [C], 2001. 11：11 – 18.
② 张厚福. 论运动竞赛表演的知识产权保护 [J]. 体育科学，2001，02：18 – 22.
③ 张厚福等. 体育非专利技术的法律保护 [J]. 武汉体育学院学报，2005，05：6 – 10.
④ 刘亮. 奥运会背景下的体育非专利技术及其法律保护 [J]. 研究生法学，2009，02：1 – 16.

与手段若是通过相应的仪器实现的，则完全可以授予专利权，而营养药物的配方本身就属于专利权的保护范围。同时这种划分存在较大的争议。申立则坚持非专利技术不应当受到知识产权的保护，他认为新技术一旦进入体育这个公有领域便失去了专有性。[①]

6. 关于民族传统体育知识产权的研究

民族传统体育文化是我国重要文化遗产，近年来，社会各界对民族传统体育文化的知识产权保护日益重视。《著作权法》第 6 条指出"民间文学艺术作品的著作权保护办法由国务院另行规定。"这个规定成为学者研究的理论依据。张厚福认为传统体育项目是民间艺术作品，应当受到知识产权的保护。对知识产权的保护与研究应立足于两个层面。知识产权制度是以保护个人财产权为基础的，从而达到鼓励创作、创新，促进科学技术和文化艺术发展的目的。所以他认为对民族传统体育的知识产权保护应不同于现行知识产权的保护。即在精神利益和物质利益的双重属性中，更侧重于精神利益，注重以集体利益、社会效益的开放式的保护。[②] 知识产权制度在专利法、著作权法和商标法等法律制度的分而治之之下，与民族传统体育文化保护之间的冲突引起了学者的注意。张玉超、李红卫在比较分析非物质文化遗产知识产权的国际保护模式基础上，认为建立非物质文化遗产知识产权的特殊保护制度是最佳选择。[③] 一些学者认为我国对少数民族运动会重视不够，宣传不力，若其不是奥运项目就不重视，不愿意投入，更不用说

---

① 申立. 新的技战术不应成为知识产权的保护客体 [M]. [C]. 全国体育法制建设研讨会论文集，2001，11：19 - 27.

② 张厚福. 优秀传统民族体育项目的知识产权保护 [J]. 武汉体育学院学报，2001，01：18 - 22.

③ 张玉超，李红卫. 知识产权视野下我国民族传统体育文化的法律保护 [J]. 南京体育学院学报，2011，02：50 - 55.

专门给予其知识产权保护了。①

更多的学者关注传统著作权制度的变革如何适应现实需求。胡峰指出：民间传统体育具有著作权客体的基本属性——独创性与可复制性，但在权利主体、权利范围和权利期限方面与传统著作权制度又存在着明显的冲突。尽管相关法律文件与公约将民间传统体育纳入著作权保护中，但对于如何解决两者冲突并未给出明确答案。他建议引入集体著作权人制度、限制经济权利、规定民间传统体育永久保护期等。② 韩志强则认为虽然现行的知识产权制度保护传统体育与竞技存在一定的困难，但宏观框架下，非物质文化遗产保护机制和知识产权制度又存在适度兼容。③ 秦庆等人指出立法保护和行政保护是首要途径，司法保护是前者的辅助手段，知识产权人的自我救助和集体管理组织的保护是保护体育知识产权的最直接、最有效的途径。④ 杨家坤、张玉超认为在完善相关法律制度的同时，执法保护工作必不可少。⑤ 对于我国优秀民族传统体育非物质文化遗产保护与知识产权制度的相关问题，学者们也予以关注，如兼容与互动问题⑥，二者的结合问题⑦，等等。

7. 关于奥林匹克知识产权保护的研究

由于奥林匹克运动在全球范围内的推广，奥林匹克知识产权在全球

---

① 马法超，于善旭. 体育无形资产、体育知识产权和体育无形财产权关系辨析 [J]. 体育科学，2008，09：74 – 79.

② 胡峰，张振宇. 民间传统体育的著作权保护研究 [J]. 上海体育学院学报，2006，04：1 – 4.

③ 韩志强. 中国非物质文化遗产传统体育与竞技的知识产权保护 [J]. 体育科技文献通报，2011，01：107 – 109.

④ 秦庆，张宁，王文宾. 民族传统体育知识产权保护研究 [J]. 运动，2011，06：142 – 143.

⑤ 杨家坤，张玉超. 我国民族传统体育文化的知识产权保护研究 [J]. 山东体育学院学报，2012，06：43 – 46.

⑥ 王卓，崔乐泉. 对我国优秀民族传统体育非物质文化遗产保护与知识产权制度兼容与互动的研究 [J]. 体育科技，2012，03：4 – 8.

⑦ 韦李，殷晓辉. 新形势下民族传统体育非物质文化遗产的法律保护 [J]. 山东体育科技，2014，03：5 – 7.

范围内的影响力与日俱增，奥林匹克知识产权侵权案件也在不断增多。中国自获得 2008 年奥运会举办权到 2008 年北京奥运会结束，民众对奥运会的热情空前高涨。学界大多从法律的角度对奥林匹克知识产权进行研究。胡峰等学者基于国际法与比较法视角，对奥林匹克知识产权保护进行了调查研究①。奥林匹克知识产权的保护有严格条件和程序，且奥林匹克知识产权的救济制度同样具有法定的基础。胡峰、刘强认为我国采用民事和行政双轨制保护模式，在对待奥林匹克知识产权的态度、发起保护的方式、权利人获得实际利益和保护过程等方面存在较大区别。这两位学者认为从国际知识产权保护的发展趋势看，行政保护在完成其历史使命后应当由更为完善的民事和刑事司法保护形式代替。②

奥林匹克知识产权侵犯案件频发，有学者认为导致这一情况出现的原因一方面是民众对现代奥林匹克运动接受较晚，不了解奥林匹克知识产权，缺乏保护意识；另一方面，执法系统在具体执法中因缺乏沟通和配合，很难保持一致，因而使得一些侵权行为得不到及时有效地打击。③ 阳锡禹等学者认为我国对奥林匹克知识产权的立法层次偏低，并存在盲点，且大部分侵权属于无知行为。④

对于奥林匹克知识产权的保护，有学者认为它的使用与保护是并行不悖的，其中保护是前提，使用是目的。⑤ 李立新认为相关职能部门对奥林匹克知识产权进行行政保护是其职责所在，个人请求仅仅只是行政执法部门发现违法行为的途径之一。⑥ 在实践中，《奥林匹克标

---

① 胡峰，等. 奥林匹克标志知识产权保护——基于国际法与比较法视角的研究 [J]. 体育与科学，2006，02：55-58.

② 胡峰，刘强. 奥林匹克标志知识产权的民事与行政保护研究 [J]. 体育学刊，2007，07：23-26.

③ 李传武. 我国奥林匹克标志的法律保护研究 [J]. 成都体育学院学报，2006，06：5-8.

④ 阳锡禹，等. 奥林匹克知识产权及其法律保护 [J]. 武汉体育学院学报，2003，05：16-18.

⑤ 冯玉军，黎晓园. 奥林匹克标志的知识产权保护初探 [J]. 法学论坛，2007，04：37-43.

⑥ 李立新. 民法 [M]. 中国人民大学出版社，2000.

志保护条例》规定，对侵犯奥林匹克知识产权的行为，工商行政管理部门有权依法查处。① 吴瑞认为后奥运时代的中国对于奥林匹克知识产权的保护不应止步，要以此为契机全面加强对于体育知识产权的一体化保护，在立法层面，需要细分、提升与整合，在执法与司法层面，要做好衔接、宣传与制裁。②

整体来看，国内学者从各个角度对体育知识产权保护的若干重要问题进行了探讨，学界对体育标志权的研究重点关注奥林匹克标志权，其他运动竞赛标志权的研究尚未系统展开；体育赛事电视转播权是一项重要的无形资产，这是社会各界的共识，但它能否纳入知识产权范畴，依然存在争议，特别是关于体育比赛电视转播权的法律属性这一问题作为体育比赛转播权基本理论问题，在学界并没有取得统一认识。本书试图对体育知识产权保护存在争议的、法律边界模糊的，以及法律空挡等相关问题进行探讨，以期对体育知识产权研究作出一定的贡献。

四、研究对象与方法

（一）研究对象

本书就体育知识产权的若干问题的法律属性进行探讨，包括知识产权与体育知识产权的相关问题；体育赛事知识产权的相关问题；体育冠名权的相关知识产权问题；非专利技术知识产权的相关问题；我国传统民族体育非物质文化遗产的相关问题等。

（二）研究理论基础

法学：法学作为本书研究的理论基础。法学是关于法律的科学。

---

① 胡峰，刘强. 奥林匹克标志知识产权的民事与行政保护比较 ［J］. 体育学刊，2007，07：23－26.

② 吴瑞. 后奥运时代中国奥林匹克知识产权的一体化保护——基于 TRIPS 的国内法视角 ［J］. 成都体育学院学报，2006，06：5－8.

法律作为社会的强制性规范，其直接目的在于维持社会秩序，并通过秩序的构建与维护，实现社会公正。法学的研究对象为法律，其核心就在对于秩序与公正的研究。法学理论为本研究提供了有力的理论支撑。

治理理论：治理理论是中国治理体系和治理能力现代化的必要理论依据。关于治理理论，国外现阶段的研究主要观点如下：其一，治理主体由政府和社会公共机构共同组成，权力不仅仅局限于传统政府；其二，治理是将责任转移给社会的过程，但存在权责不清晰的情况；其三，治理意味着相关主体之间存在着权力倚赖；其四，治理是各治理主体形成的一张自主的网络，各治理主体共同合作分担行政管理责任的结果；其五，治理意味着各治理主体在治理手段和方法上的创新，共同承担起公共事务控制和引导的责任。

（三）研究方法

1. 分析方法

理论分析与实证分析相结合：

理论分析主要集中于本书中涉及的一些概念，新常态时期的特征，中国体育知识产权保护的特征，以及与新媒介、体育产业之间的关系进行分析；实证分析主要以某些实例说明体育知识产权的现状和目前存在的问题与不足，结合理论分析与实证分析进行研究。

综合比较分析法：

众所周知，体育知识产权已经成为一种特殊类型的产权，本书将通过两个方面进行比较：一是纵向综合比较，就是对中国体育知识产权保护在各时期发展状况进行深入、系统地分析；二是横向综合比较，不同国家或地区对体育知识产权进行保护的时候，面临的问题是相似的，比如体育知识产权侵权案件复杂等，有的已经实施了相应的改革和措施。本书将中国与国际体育知识产权的保护状况进行对比分析，针对性分析我国体育知识产权保护体系方面存在的相关问题，由此获得新的认识和结论。

2. 具体方法

文献资料法：

文献资料法就是在网上检索和查阅与体育产业及经济有关的国内外文献、著作。在 CNKI 中国知网学术文献网络出版总库，以"知识产权"为关键词进行搜索，共查到文献记录 6 万余篇，其中博士学位论文 170 余篇；以"体育"及"知识产权"为关键词进行搜索，共查到文献记录 100 余篇，其中博士学位论文 0 篇。此外，在 Science Direct、Web of Science、Google Scholar 和 CALIS 等外文数据库，以"Intellectual Property""Sport""Movement""Exercise"等作为关键词进行检索，并选取了与本书研究内容相关的文献资料，进行集中的阅读和分析，找到文献之间的不同并进行对比分析，利用文献资料为本书的研究提供科学根据。

个案研究法：

通过对"2015 年新浪网诉凤凰网非法转播中超赛事"和"2015年亚冠决赛广州恒大足球队擅自更换球衣广告"等，在体育知识产权领域的一些有代表性的个体、群体和组织的案例进行调查分析，从而研究其行为发展变化的全过程，为本书提供实践支撑。

专家访谈法：

通过出国访学、参加国内外相关学术会议、走访相关行政管理部门、拜访高校专家等方式，对国内外体育领域与知识产权领域研究理论和从事实务的 28 名专家以及社会各界人士进行了访谈。这些访谈为本书提供了体育知识产权保护相关问题的现实材料。

（四）技术路线

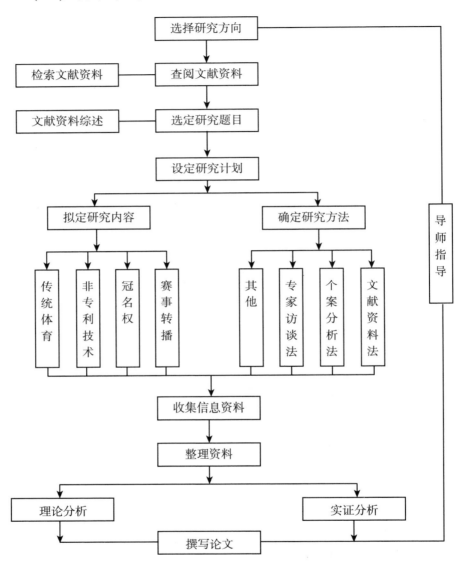

图1　本书研究技术路线图

第二章

知识产权与体育知识产权概述

一、知识产权概述

（一）知识产权的基本概念

目前使用的"知识产权"这一词实际源于国外，在英语、德语和法语中都有其自身独特的称呼。在日本、我国的台湾地区和香港地区都有自己相应的称呼。"知识产权"这个词是在 1967 年签署了《世界知识产权组织公约》之后，世界各国才慢慢使用的。我国于 1986 年《民法通则》颁布后，亦正式确认了"知识产权"这一称谓。

通常以"列举法"和"概括法"定义知识产权。我国学者对知识产权的定义一般采用概括法，而国际上一般使用列举法。郑成思看来，人们通过智力劳动获得的成果而享有法律上的权利即为知识产权。刘春田看来，通过智力劳动获得成果的人们以及在生产和经营过程中标记的所有人在法律上享受的权利即为知识产权。综合以上研究者的定义，他们虽然说法不统一，但基本阐述了知识产权的基本内涵：（1）知识产权是一种非物质化的无形智力成果权，是基于知识成果、经营标记或知识信息所产生的权利；（2）其权利来源主要发生于智力创造与工商经营活动；（3）知识产权是法定权利，其产生一般需由法律认可。① 综上所述，本书认为：知识产权是人们通过智力劳动所获得的一种没有具象化的，凝结一定价值性的无形权利，是权利人在经济、文化、政治以及科学技术等领域创造的智力成果而在法律上享有的一种权利。

（二）知识产权分类

1. 专利权

专利权是指政府有关部门向发明人授予的在一定期限内生产、销售或以其他方式使用发明的排他权利。各个领域中都有与体育相关的专利权，包括一些体育器材和训练方式等。截至 2018 年末，以"体育"为关键词搜索到的发明专利总共有 1.7 万余项。

专利权作为一种无形财产，相比于有形财产有其自身的特点：

（1）专有性。或称独占性，指专利权享有人对自身的发明和创造专有的制造或者使用、销售的一种权利。这表明，其他个人或单位在没有经过专利权人允许的情况下不得进行专利成果生产、经营或销售等。构成侵权行为的表现为：在未经专利权人许可的情况下，对其专利成果进行制造、生产或经营等。

（2）地域性。即一个国家按照自己国家的专利法授予的专利权。该权利只有在该国法律规定的范围内生效，对其他国家或地区没有任何约束力，其他国家或地区对其专利权没有强制性的保护义务。因此，专利权的效力具有地域的限制，在我国取得的专利权只在我国生效，若在其他国家或地区使用或销售该发明创造，则不构成侵权行为。专利权的地域性特点提醒我们，有智力成果的单位或个人必须及时地在国内和国外申请专利，不能局限于国内市场，以便自己的专利成果在国外市场也获得及时的保护。

---

① 李圣傅. 学校体育侵权的认识与规避 [J]. 体育世界（学术版），2012，10：9 – 10.

（3）时间性。即专利权享有人对其自身的发明创造所拥有的专有权只在法律规定的时间内有效，期限届满后，专利权人就不再享有相关的权利。因此，超过时间期限后，曾经受法律保护的专利就成了公众共同享有的财富，人们可以无偿地使用。①

每个国家对于自己国家的专利期限作了规定，对于发明专利，其保护期限自申请日起算起，通常为 10 年至 20 年不等；对于外观设计专利权和实用新型专利，其期限通常为 5 年至 10 年不等。在我国，发明专利、实用新型专利和外观设计专利的保护期限从申请日算起分别为 20 年、10 年和 10 年。

2. 商标权

商标权是指商标主管机关按照法律程序授予商标所有人的一种权利，这项权利受国家法律保护，即"商标专用权"。商标的注册人拥有多项权利，以防止自己的注册商标受到侵害，例如排他处分权、收益权、使用权和续展权等。商标的作用在于区别不同的产品，它由不同的要素组成，例如字母、图案或文字等。

在一些管理条例上，体育知识产权在使用过程中，商标权占据很主要的位置，其运用相对于其他权利还是比较多的。为了保护体育商标权，各部门都在有关立法上积极努力，不少体育协会也积极参与，如裁判协会、篮球协会等。但是，现行的体育标志保护方式相对于传统的保护方式还是有很大不同的。

3. 著作权

著作权的旧称即"版权"，其最初的概念是 Copyright（版权），即复制权。由于旧时代经济和技术的限制，印刷术的使用并不普遍。现代社会，印刷和出版即为著作物最重要的权利。著作的种类随着时代

---

① 张岩晶. 试论我国体育知识产权法律保护制度的构建 ［J］. 贵州体育科技，2012，04：12－15.

的进步和经济的发展也在逐渐增加。英国的《安娜法令》是世界上首部保护作者著作权利的版权法。法国于1791年颁布了《表演权法》，作者的表演权利保护有了法律保障。1793年，法国又颁布了《作者权法》，作者的精神权利备受关注。

4. 未披露过的信息专有权

未披露过的信息，按照我国《反不正当竞争法》的规定，是指在社会公众不知悉的情况下，经权利人采取一些秘密方式的具有实用性和经济效益的技术和经营等有关信息。因此未披露过的信息包括两部分：经营信息和技术信息。如管理方法、产销策略等经营信息；生产配方、设计图纸和工艺参数等技术信息。①

我国的体育事业在发展的过程中，还有很多没有公开的知识产权信息，比如一些武术或者体育教练，他们自己在培养学生的过程中创造的新型技巧或者训练方式，其具有特殊性以及竞争性，并且确实属于他们本身的智力劳动的成果，即成为体育产业中未披露过的信息专有权。简单来说，也就是一种商业秘密。

二、体育知识产权概述

（一）体育知识产权的基本概念

科学和技术大量融入体育行业，推动其迅速发展。我国体育行业的专业性越来越强，科技含量也逐渐增多，使我国在各类体育竞赛中取得越来越优异的成绩。伴随着体育产业出现的各种知识产权，能给权利人或者经营商带来巨大的经济效益，这势必会导致很多不法分子对其非法利用，极大损害国家和人们应有的利益。为了鼓励世界各国

---

① 杨家坤，张玉超. 我国民族传统体育文化的知识产权保护研究 [J]. 山东体育学院学报，2012，06：43-46.

人们积极参与体育活动，激发自身的体育潜能，保证体育事业的稳步发展，各国都需要努力构建一套系统的体育知识产权保护体系。

当前，我国在体育知识产权研究方面尚处于起步阶段，这方面的概念界定还比较模糊。杨年松将体育知识产权分成体育版权和体育产权两部分，认为体育知识产权是在一定的时间和区域内，在体育领域创造的智力成果和精神财富的独占权利。① 此外，一些其他的学者也开始对体育知识产权进行探索和研究。研究者马小华有自己独到的见解，他对体育知识产权这个称谓并不满意，他将其表述为和体育有关的智力劳动成果，国家、自然人和法人都依法享有其经营的权利。② 另一位研究者张厚福对体育知识产权的客体做了概括。对于体育知识产权的主体，李志斌等人对其进行研究总结，表明其主体组成为国家、体育赞助的企业和个人以及体育组织者和工作者。马法超和其他一些学者却认为，体育知识产权也可以是具象化的，与其他类型的智力成果权相比，并没有太大的差异，但是其独特的特征值得进一步的探索和研究。③

体育知识产权的概念，可以从外延到内涵的顺序进行界定。从外延上来看，第一步就是要明确其范围，确定它包含哪些权利，其次就是对其内涵作出准确的界定。因此按这个方式，以上的几位研究者对体育知识产权的定义并没有抓住其本质，所以有必要重新定义其概念。以上的研究表明，体育知识产权的内涵得到了部分界定，但还没有一个完善的标准。尤其进入新常态时期，体育知识产权的内涵应该更为符合该时期特征的要求。知识产权的内涵在不断发展，因此我国定义的体育知识产权应结合界定。本书将体育知识产权理解为权利人在体育竞赛或相关产业经营等行业的具有经营性标志的新型智力成果，依据法律的规定

---

① 杨年松. 体育无形资产初探 [J]. 体育学刊，1999，02（22）：77 - 78.

② 马小华，李开广. 体育知识产权法律界定刍议 [J]. 首都体育学院学报，2003，15（2）：8 - 10.

③ 张春燕，张厚福. 体育知识产权的研究进展 [J]. 成都体育学院学报，2005，01：14 - 18.

对其所享有的专有权利的总称。从主体来看，体育知识产权的权利人主要包括自然人、法人、其他组织，甚至还包括国家，他们可分为原始取得主体和继受取得主体。从客体来看，体育知识产权的客体是权利人在体育领域所创造的具有经营性标志的智力成果和工商业标记。本书主要围绕体育知识产权的保护对象，即客体开展研究。

（二）体育知识产权保护对象

体育知识产权的保护对象，也就是体育知识产权的客体，或者是体育知识产权的标的，是人们在体育领域中所创造的智力成果和工商业标记。不同于物权的客体，物权的支配对象是具体的物，即有体物，能够为人的感觉器官所感知，并能够为人所控制的物。体育知识产权的客体是智力成果、商业标记和经营性信誉，是一种无形的精神财富。它不具有物质形态，不占据一定的空间，是人们看不见、摸不着的。[①]根据这一内涵，本书认为我国体育知识产权客体包括体育赛事转播权、体育著作权、体育专利权和商标权、传统民族体育知识产权以及体育明星肖像权等方面。在该体系中，有一些新兴事物，比如体育赛事转播权，这些与传统民族体育等完全不同，前者具有鲜明的特有性。因此，本书重点对体育赛事转播权、体育冠名权、民族传统体育和体育非专利技术等四个方面的知识产权保护问题进行研究。

1. 体育赛事转播权

在新闻媒体行业飞速发展的背景下，衍生出了体育赛事转播权的概念，也就是赛事组织者将体育赛事播送和播放给媒体组织者，进而享受的经济收益权利。当前，我国体育产业发展迅速，越来越多的人们参与体育运动或观看体育比赛，体育运动也更加商业化。基于工作和地域等的限制，更多的人会通过电视、手机、网络等一些媒介了解

---

① 张玉超. 我国体育知识产权的基本法律问题研究［J］. 中国体育科技，2014，02：103–111.

和观看体育比赛。现如今，我国法律还不完善，体育赛事转播权并没有形成统一的概念性描述，也没有统一的外延界限。就实践而言，转播体育比赛需要很高的转播技术，人们常常说的"体育赛事转播权"其实不是单单的广播组织特有的转播权，还包括负责组织比赛的有关部门在各种媒体播放中通过投入技术成本而产生的享有经济收益的权利。现如今，我国法律还不完善，没有在法律上具体规定体育赛事的转播权，所以，现在的转播权只是媒体们对体育赛事进行转播或者报道的时候，还没有形成法律概念。查询众多相关文献资料后发现，我国很多学者认为对体育赛事进行转播的权利即体育组织通过电视或者网络等方式对体育赛事进行转播而获取的一定收益的权利。对于每一场具体的体育赛事，其转播都会有相关的体育转播权，如广播的转播权、电视的转播权和网络的转播权，这在体育无形资产中来看应当属于体育知识产权的研究范畴。

2. 体育冠名权

体育冠名权是体育赞助的一种非常重要的形式，所以也可以称为体育冠名赞助。体育冠名有着自己的定义，即赞助者向被赞助者出资或者供给一些具体的物质，进而获得为体育赛事和队伍以及相关基础设施的冠名权利，并从中获得经济利益的商业行为。目前，体育冠名赞助已经成为我国体育行业一项非常重要的商业模式。在这种模式下，企业通过被冠名体育事物，迅速提高自身品牌的知名度，进而创造更大的商业价值。现在越来越多的企业有意识地借助体育冠名来宣传自身品牌，扩大企业的影响力。不过，越来越多的社会关系与现实的纠纷也随之衍生，所以，需要对其做出必要的法律阐释和法律规范。①但现有的法律还无法解决体育冠名权的开发、应用以及纠纷等问题。

---

① 龚韬等. 体育冠名权的法理分析——一个球衣换名案引发的思考 [J]. 武汉体育学院学报，2017，09：56-60.

所以，非常有必要完善这方面相关的法律，明确界定体育冠名权的法律性质，加大对体育冠名权的法律保护力度。

3. 体育非专利技术

技术是人类生产过程中经验和知识的结晶，同样，体育运动中也会产生许多非专利技术。这些非专利技术既不受国家安全法、科学技术保密条例保护，又不受专利法的保护，普遍存在于体育运动训练竞赛中。① 它起着很重要的作用，可以使团体和个人掌握和获取一些具有秘密性质的行动，得到大量的物质形式或非物质形式的技术技巧、方式方法等。它包括各种运动技术动作创新、编排，体育训练规范、方法和作业流程，运动员选材和方法，体育经营秘密和体育赛事计划，体育技术资料、图纸、数据、运动测量方式、体育的食品搭配，医疗方式等。一些技术能否在体育的发展过程中起到重要的作用，是运动员能否取得胜利的关键因素。所以，很多的国家越来越重视这一点，他们不惜花大价钱引进国外的先进训练技术，聘请国外的技术教练等。如在 2008 年的北京奥运会中，我国有十多个奥运比赛项目的教练来自海外，对于一些国外比较先进的体育竞技项目，国家出资让运动员直接出国接受专门的训练。在这样的趋势下，一些国内的教练也走出国门，做外国队员的教练，相互交叉学习。体育比赛是一项充满竞争的运动，没有竞争也就失去了其最重要、最吸引人的那种魅力，更不会有能为其提供资金或物质的赞助单位。② 所以，我们有必要在法律制度上不断努力和完善，同时，在管理上也要有系统的方式方法，进而有力地保护我国体育的专有技术。体育专有技术是众多体育工作者在理论和实践中一点一滴总结出的方法和经验，能否将其纳入法律保护

① 张厚福等. 体育非专利技术法律保护 [J]. 武汉体育学院学报，2005，05：6－10.
② 邓春林. 体育产权分解式：物权、债权、知识产权和股权 [J]. 天津体育学院学报，2010，01：14－18.

的范畴，又以一个什么样的性质来定义这个产权，目前尚无定论。所以，本书希望可以对体育专有技术做系统的了解和认识，明确它的性质，以便于建立健全相关的法律制度或采用其他的方式手段有针对性地对其进行全面的保护，推动我国体育事业健康的发展，保障权利人应当依法享有的权利和收益。

4. 民族传统体育非物质文化遗产

非物质文化遗产最早是被联合国教育、科学和文化组织定义的。在 2003 年颁布的《保护非物质文化遗产公约》中，其定义为：被各团体和个人认为的人类智力成果遗产的不同形式的实践表演或表现形式。还包括与之相关的实体物质、工艺品和文化场所等。各国的体育文化不断发展壮大，2004 年，中国加入此公约，非物质文化遗产保护工作从此步入一个全新的阶段，非物质文化遗产保护成为社会各界关注的问题。《中华人民共和国非物质文化遗产法》（以下简称《非物质文化遗产法》）于 2011 年 6 月 1 日正式实施，以此作为保护非物质文化遗产的法律依据和保障。此外，法律明文规定，传统体育也在保护之列。纵观人类文化的发展，可以看出，一个民族如果想使本民族文化不断地传承下去，必须了解、继承和弘扬本民族文化的精髓。如果失去了文化传送，也就失去了文化的根基，在发展中也就有可能发生变化或者扭曲，失去最本身的内涵。非物质文化遗产就是最为特殊的一种，通过对其挖掘和研究，可以了解到历史文明的发展，对其保护，是对历史文化和文化创作人的尊重，也是对现代社会文明的丰富和理解。民族传统体育在国家软实力等方面有着举足轻重的地位，它可以增强民族自信，促进民族融合。现如今对民族传统体育非物质文化遗产的认识已经发生了变化，人们并不只是单纯地挖掘和保存了，民族传统体育非物质文化遗产的利用和发展正日益引起社会各界的重视，尤其是知识产权保护方面，虽然有相关法律依据，但依然任重道远。

第三章

我国体育赛事转播权知识产权保护问题

　　21 世纪以来，我国十分重视体育产业的发展，体育产业得到了迅猛发展，其中，体育赛事转播权也随之发展迅速。《国务院关于加快发展体育产业促进体育消费的若干意见》（以下简称《意见》）于2014 年被提出来，《意见》对体育赛事转播权进行了明确的定义，从国家法制层面促进了体育赛事转播权的公开透明流转，这也标示着国家对体育赛事转播权问题的日益重视，已经上升到国家决策层面。尽管我国体育产业得到了迅猛发展，体育赛事转播权的法律属性仍然存在一些问题。很多学者和机构对体育赛事转播权的法律属性进行了深入的理论研究，但是在实践上与理论上还是存在不小的分歧。法律业内人士普遍认为"体育赛事转播权不是一种著作权"，但是实践中人们将体育赛事转播权认为是传统知识产权的一种，因此人们普遍将体育赛事转播权称为"版权"。由此可见，在实践过程中，体育赛事转播权并没有一个准确的法律属性，这种不确定性阻碍并且会持续阻碍我国体育产业的长远发展，因此对体育赛事转播权的深入研究有着必要性和迫切性。本章将首先对体育赛事转播的法律属性、权利来源、传播类型进行分析，接下来深入探讨国内外体育赛事知识产权的保护现状，进而提出我国体育赛事知识产权保护的改进措施。

一、体育赛事相关知识产权概述

如今体育产业的发展水平逐渐成为一个国家经济发展水平的一项指标，在发达国家中，政府很早便开始重视体育产业的发展，并且已经取得了很大成绩，成为其一项重要的经济支柱。而我国现在还属于发展中国家，体育产业起步较晚，发展水平有限，与西方发达国家存在显著差距，在整个经济体量中的地位上也无法与之相提并论。但近几年，我国的体育产业有了飞速的发展，我国体育产业进入了史无前例的发展高峰期，这主要得益于我国科技的快速发展，网络覆盖全面化和网络技术先进化。[①]

近年来，我国政府在政策上对体育产业有了扶持，2015 年国务院颁布了《中国足球改革发展总体方案》，该方案从法律层面上对足球赛事进行了约束和规范，有效地促进了足球赛事转播权的发展和有序竞争，使得新媒体市场在足球领域有了显著的收益。政策层面的鼓励顺应了市场发展的自然趋势，近几年诸多大型媒体公司也竞相投入体育赛事转播权的竞争大军中。2015 年，体奥动力公司以总金额 80 亿元人民币获得了中超联赛 5 年的版权，从赛事组织者到媒体播放平台，体育产业链上每一个参与者都体现着自身的商业价值。赛事节目的转播收入、赞助收入等是体育赛事组织者获得收益的主要途径，而其中赛事节目的转播收入，所占比重最大，是体育产业盈利发展的核心部分。而对于受众群体庞大、影响程度深远的重大体育赛事而言，情况更是如此。

虽然体育产业迅猛发展能带来诱人机遇，但技术的发展并不总带来利好的趋势，很多电台、网站未经权利人许可，通过技术手段私自

---

① 钟薇. 论体育知识产权与非物质遗产的异质性和互补性 [J]. 特区经济，2013，02：172 - 174.

盗播体育赛事，侵犯商业利益，严重影响了体育赛事组织者或举办方以及赛事传播媒体的经济利益，进而影响了整个体育产业的发展。虽然我国已经颁布了《著作权法》，它有效地规范了不良的盗版和侵权行为，保护了著作权人的利益，但是法律自身的滞后性的特点，导致其难以完全覆盖市场的发展，使得体育赛事转播中的著作权问题仍然存在一些争议。本节将从体育赛事转播的法律属性、权利属性、体育赛事画面的传播类型和独创性入手，对争议问题进行研究与探索。①

（一）体育赛事转播的法律属性

我国《著作权法》对由摄录形成的连续画面根据独创性的不同，分成了作品和录像，《著作权法》对作品有着完整的权利保护，而对录像只能进行部分权利保护。相应的，体育赛事由拍摄的连续画面组成，根据《著作权法》的相关规定，如果赛事画面被认定为作品，就会得到完整的权利保护，而对赛事画面只能够被认定为录像，则受保护的程度将受到非常多的限制，只享有《著作权法》中的复制权、发行权、出租权、信息网络传播权以及广播组织权。

在司法实践中，许多涉及体育赛事转播权侵权的案件，都要牵扯到涉案节目属性的认定，即该节目认定为作品，还是仅仅认定为录音录像制品。节目属性的认定，对所侵犯的权利类型就有了较为明显的区别，对案件裁判的结果也有了不同程度的影响。著名的"凤凰网赛事转播案"中，法院将体育赛事转播过程中的画面，按照著作权法上"作品"的概念进行了认定，该判决对我国体育赛事互联网转播领域产生深远的影响。"凤凰网赛事转播案"起于 2015 年 6 月，新浪公司起诉凤凰网转播中超联赛体育比赛视频之著作权侵权，法院最终认定

---

① 韩玉冰，王永胜. 体育与知识产权的探骊［J］. 体育科技文献通报，2013，09：20＋35.

凤凰网的转播行为属于侵权行为，侵犯了赛事画面作品的著作权。[①]

　　体育赛事节目，是基于体育赛事而存在的，这两者紧密相连，但却不同。在讨论体育赛事节目的法律属性问题时，应当首先将这两者区别开来。通常的，国际上认为体育赛事不构成著作权法范畴上的作品，因此不存在违反《著作权法》的问题，这一点在国际上已经达成共识。体育赛事是将个人的技巧和运动天赋在竞技活动中发挥出来，对于像艺术体操、花式滑冰等项目，这类体育赛事具有一定的艺术性和观赏性，具有编排者的个人构思和独立创作，呈现出一种视觉的美感，但是这种美感并非一种在文学艺术领域中思想情感的表达或者科学创造中智力成果的体现，竞技运动不能构成著作权法意义上的保护客体，不在其保护的范围之内。

　　此外，每一项体育竞技赛事都有既定的规则流程，在整个竞技项目的比赛过程中，夹杂着各种不确定性和偶然性因素，比赛的过程具有不可重复性。每个参与体育赛事的个体，都希望获得体育赛事的胜利，而并非以传达运动项目的美感为目的。在比赛中，并没有体现出《著作权法》规定的独创性。因此，体育赛事是不受到《著作权法》保护的。体育赛事的传播主要是主办者与媒体通过合约的方式，将体育赛事通过多媒体以商业化手段传播出去，主办者与媒体有着各自的权利和义务，而这种商业化的传播，就产生了新的主体与新的权利。网络平台、电视平台、广播平台等媒体传播者都成为新的主体，他们负责将体育赛事传播出去，媒体传播者对体育赛事的包装和制作便成为新的权利，这些权利客体被《著作权法》认定为具有独创性的作品，享有《著作权法》全部的权利保护。以体育文化产业较为发达的日本为例，《日本著作权法》在权利类型的划分上与我国有不少相似

---

　　① 曾小娥，肖谋文. 我国民族传统体育非物质文化遗产的法律保护——以知识产权保护为视角［J］. 体育与科学，2013，05：83-86.

之处，著作权与邻接权也有明显区分，两者对视听节目认定为作品还是制品也同样存在意见分歧。《日本著作权法》规定较为细致，对未经权利人许可，通过信息网络传播方式侵犯权利人体育赛事节目知识产权的行为进行限制，因此，对于体育赛事视听节目的定性问题并不会太受日本业界的关注。

由于我国还没有立法明确保护和约束体育赛事转播的权利，只能以《著作权法》来进行参考。如今体育赛事商业化日益严重，体育赛事拥有巨大的商业价值，已经处于我国法律所保障的范畴。在体育赛事转播的市场化日趋成熟的今天，对各方利益的保护也更加周全，类似对体育赛事转播进行盗播等恶意侵权行为发生时，都会对该种行为进行矫正惩罚。

（二）体育赛事转播的权利来源

《奥林匹克宪章》规定，"奥林匹克运动会是国际奥委会的专有财产，国际奥委会享有与之相关的全部权利和数据"。2000 年我国发布了《关于电视转播权管理有关问题的通知》（以下简称《通知》）。实际上我国并没有法律条文明确规定和约束体育赛事的转播权，往往由体育赛事的主办者拟定赛事章程。《通知》中明确了赛事主办单位的节目转播权归属问题。《通知》约束了体育赛事主办者与媒体传播者，要求双方通过合约的方式，签订赛事转播合同，明确彼此的权利和义务，避免在赛事节目运营期间侵犯权利的事件发生，保护了双方的知识产权权益，维护了双方的利益。①

不难看出，体育赛事转播权的起始来源是赛事组织者或举办者的内部章程制度，而该组织内部章程制度的创设人是普通的民事主体，也就是说该知识产权是由民事主体自行创设的，而非来源于法律规定。

---

① 秦大魁. 我国体育知识产权保护与研究［D］. 西南大学，2006.

我国民法的基本要求是，作为著作权和邻接权这种典型的绝对权必须法定，必须具有法律的明确定义，这样才能对权利进行严格的界定，对权利进行保护和约束，才能真正有效地保护权利人并遏制侵权行为的发生。如果只是从章程制度的角度出发，对权利的保护和商业运营的发展还是远远不够的，因此希望相关立法部门能够将体育赛事转播权的权利性质予以明确，使得该权利成为一项真正的绝对权。

（三）体育赛事画面的传播类型

1. 直播与转播

直播和转播的本质是有区别的，但是目前，我国法律仍然是将直播和转播都纳入"体育赛事转播"的范畴。严格上讲，直播是指在体育赛事的进行过程中进行直接播放，体育赛事和直播是同时进行的；转播则是媒体者将节目再播放的过程，转播的播放时间和播放次数都是没有限定的。虽然体育赛事直播和体育赛事转播在狭义上讲是有区别的，但是广义来讲，二者都是对体育赛事节目的播放，因此将二者归并在一起约束限制也是可取的。

事实上，在诸多网络盗播的案件中，往往能看到一些侵权网站未经权利方的许可直接截取了其体育赛事直播的信号或数据，通过自己的技术处理并在自己网站上转播的行为。如前文所述，无论转播的体育赛事画面被认定为作品还是录像，盗播网站都有涉及侵犯信息网络传播权的可能性，但是否侵犯该权利，还要看涉案体育赛事画面的转播是否属于"交互式网络传播"。

2. 交互式网络传播与非交互式网络传播

根据网络传播的方式可以将体育赛事传播分为交互式网络传播与非交互式网络传播。交互式网络传播是指通过个人选择的时间和地点进行传播，可以通过网络获取录像制品的方式。非交互式网络传播，是指个人不能通过网络在任意时间或地点获取录像制品，因此非交互式网络传播虽然仍然依赖于信息网络，却不侵犯著作权法。

"凤凰网赛事转播案"中，凤凰网通过网络实时转播体育赛事的行为属于非交互式网络传播，互联网用户不能通过网络在任意时间或地点获取体育赛事，因此法院认为，凤凰网的网络转播行为并没有侵犯新浪公司的信息网络传播权，而通过对体育赛事节目为作品的认定，认为凤凰网侵犯了著作权人（新浪公司）享有的其他权利，从而作出凤凰网行为构成侵权的审判结果。①

我国的体育产业在近些年的表现可圈可点，已经为社会创造了很高的经济价值，并逐渐向我国的支柱产业发展方向靠拢。但与其快速发展相配套的法律体系依然不够完善，这种现象不仅出现在体育产业，在其他变革速度较快的产业中也频繁出现。

出现这种情况主要是因为两方面的原因：一方面，互联网作为一种加速产业发展的工具，给诸多行业带来了颠覆性的创新，使得新的经济现象和商业行为层出不穷，作为相对稳定的法律体系而言，跟不上快速发展变革的商业节奏也是情理之中；另一方面，由于我国自身法律体系的特点，成文法的滞后性必然会造成与日新月异的商业模式的摩擦和脱节，但不可忽视的是法律体系自身的稳定性也恰恰为商业经济的快速成长创造了"温床"，因此也不能对现有的法律体系矫枉过正。未来的立法要充分考量技术发展的客观趋势，使得法律体系为新技术的发展留出恰当的空间，并不断完善与体育赛事相关的知识产权保护体系，使得产业链条上的每一个参与主体的权益都能得到更合适的保护，进而促进体育产业快速健康发展。

（四）体育赛事转播画面的独创性

《著作权法》规定作品必须具有独创性。独创性首先要求作品是

---

① 李长鑫. 我国体育用品业知识产权研究进展 [J]. 绵阳师范学院学报, 2013, 08: 104-107.

非抄袭或者剽窃得来的，更确切地讲，独创性不能依照现有的形式复制出来，也不能依照一定的程式、算法进行推倒分析而得到，独创性要求作品完全是作者自己选择、设计、安排得来的成果。对体育赛事转播来讲，影响体育赛事转播画面独创性的因素有很多，一场具有独创性的体育赛事转播节目，其内容具有创意特色，而非简单的现场画面的重现。

一方面，体育赛事转播画面独创性特征是否鲜明，将影响到体育赛事节目作为作品的判定，直接关系到体育赛事节目是否能够受到完整的著作权保护问题。很多时候，对于体育赛事的画面独创性的认定并不是简单的"有"或"无"的两极状态，毕竟导播对赛事画面的选择一定会有创造性的智力劳动蕴含其中，而其独创性的尺度拿捏往往取决于程度的多少、水平的高低。比如对赛事传统来源的细腻回顾，大量节目影像资料的重新整理剪接，对赛事背景环境的编排介绍，对赛程指导的动画效果辅助，加入演播厅主持人与观众的大量互动，编导对现场演播室中观众情绪的细节引导，对相关赛事活动中重要的幕后人员或组织人员等相关群体的专访，相关球员的竞技状态分析，数据统计等赛场信息，甚至比赛之前的信息铺垫如赛况介绍以及场外运动员的周边生活的八卦信息汇总等，都可以构成该节目制作过程中区别于简单赛事画面转播的独创性特征。

"凤凰网赛事转播案"中，法院认定新浪公司赛事转播为作品，就是认定新浪公司赛事画面符合独创性的要求。法院认为，体育赛事画面的镜头选择和制作是一种创造性的工作，选择和制作的不同，会有不同的屏幕效果，而这种效果的差异就是独创性的证明。[①]

另一方面，如果电视台制作播放的一项体育赛事节目的独创性不够，仅仅只是单纯地对赛场常规流程形式或者原有比赛过程的简单重

---

①　王蕴哲. 我国民族传统体育知识产权保护研究［J］. 才智，2013，05：201.

现，该类节目的转播内容相较于其他各个电视台的转播内容差距不大，缺乏独创性元素，则该节目被认定为作品的可能性会大大降低。比如仅仅只是摄像机位的设置变化，现场画面的简单切换等，虽然其中也有工作人员的劳动价值，但作为一项整体的电视节目而言，相较于其他电视台的转播节目差别不大，镜头连续呈现的赛场内容完全相仿或相同，不会产生区别明显的独创性内容的画面效果，因此可以认定其成为作品的特征不够明显。

笔者有幸能够了解到体育赛事直播节目中导播的工作方式。导播的工作最终形式是对摄像机图像的场景进行搭配选择，导播不需要使用太多复杂的方式或技巧，他们通过对多台摄像机画面进行选择，重复进行着不断的进行筛选、搭配的工作。事实上，对于绝大多数有一定工作经验的导播而言，其工作内容只是简单地重复着画面选择，其工作的最终目的是将诸多不同景别搭配的成组摄录镜头整合成一套完整而流畅的画面呈现给观众。当然，这中间不能忽略不同导播对工作熟练程度的差距，缺乏基本工作经验的积累肯定会影响画面选择的质量效果。但同样是一场比赛的直播，具备基本经验的大多数导播对画面的选择不会有太多出入，对于呈现给观众的比赛画面不会产生显著的影响，更不会因为导播对画面的不同选择而呈现给观众完全不同的比赛效果甚至比赛内容。笔者认为，从画面选择的角度而言，体育赛事转播的独创性还是较为有限的。

二、国外体育赛事知识产权保护现状分析

美国在1976年颁布了《美国版权法》，相对于大陆法系，《美国版权法》属于英美法系，英美法系对作品的原创性要求低。《美国版权法》认为，体育赛事节目的制作者在记录体育运动时，是充满创造力的。因此在体育赛事进行的同时，对体育赛事行程进行录制并形成

节目,《美国版权法》就认为这些录制的节目可以被称为作品,应受《美国版权法》的保护,可见在美国转播体育赛事的权利是受保护的。对于这个规定,美国众议院进行了明确的解释:当一场篮球比赛正在进行时,有四台摄像机从各自不同的角度对比赛进行拍摄和录制,导播需要发送指令到这四个摄像师,并且导播在向公众进行显示时要进行顺序的整合。毫无疑问,摄像师和导播都在做创造性工作。

美国1976年颁布的《美国版权法》同样规制了体育赛事的网络盗播行为。该法规定,体育组织享有网络转播体育赛事的版权。《美国版权法》还对权利人享有的版权进行了说明,包括:制作、出租、出借、分发或销售以及向公众转让版权复制品或录音,公开演出、电影等视听作品和图片公开展览等其他权利。根据以上规定,网络盗播体育赛事的行为侵犯了版权所有者的公开演出权。对于体育组织而言,《美国版权法》明确了体育赛事转播权利受保护,对于任何侵权行为,被侵犯权利的体育组织可以起诉。版权所有者有各种可能的补救措施,包括禁令救济和赔偿实际损失或损害赔偿、剥夺侵权人的非法收入和提供律师费用等。

近些年来,电视节目的网络盗播事件呈爆发式增长,美国媒体早在21世纪初对这一情况予以了关注,但当时侵权盗播行为的社会影响有限。然而,随着网络技术的日渐成熟和盗播内容的不断扩大,加上像ESPN这些体育组织有线网络方面业务的快速发展,网络盗播同样对这些公司产生了不小的影响。

随着传播方式由传统电视媒体向网络媒体的转变,权利人的权利也需要随之进行调整。WPIX公司诉IVI公司一案(WPIX,Inc. v. IVI,Inc.)是美国确立互联网播放权利的重要案件。该案原告不仅包括了FOX、NBC等著名电视媒体,还包括了美国职棒大联盟MLB等体育组织,因此该案的判决对于体育赛事节目而言也具有先例的价值。原告

WPIX 公司控告 IVI 公司未经同意获取原告的直播信号并用流媒体方式在网络上传播原告受著作权保护作品的行为。联邦第二巡回上诉法院裁定："未经授权，将受著作权保护的电视节目，在互联网上用流媒体播放，并不属于能够获得强制许可而被豁免侵权责任的行为。美国国会从未做出结论表示'将第 111 条规定的强制许可拓展到互联网上的再次转播'"。法院对于原告的利益给予了必要的关注，"如果原告的原创性作品能够通过互联网被拷贝，以及流媒体播放，他们的排他性财产权利遭到损害的话，必定会大大打击原告创造原创电视节目的愿望"。上诉法院维持了地方法院针对被告颁发的禁令，该禁令禁止被告未经授权在互联网流媒体播放，因为这种侵权行为给原告造成了不可挽回的损害。该案判决保护了体育赛事转播生产商，最大程度地实现他们的经济价值的能力[①]。

笔者分析了美国多年来体育赛事网络转播案例，发现案件大多是对"盗版转播"的判定的争议。查询相关案例发现，在美国侵权相关的诉讼案例中，侵权行为的认定有两点是原告需要证明的：一是原告拥有法律认可的有效版权；二是原告需要对侵权行为进行举证。美国版权局的登记是版权有效的重要证据，因此，在涉及体育赛事网络盗播的案件中，几乎所有体育组织都在提交给版权局的申请书中对转播权进行了主张。如此一来，争议的焦点便集中在版权侵权行为的证明。《美国版权法》规定，公开表演或展出作品需要同时具备下面两个特征：

（1）在一个公众的场所或者在一个聚集众多人群的场所对公众表演或展出作品，该人群超过了一个家庭及其社会关系人数的正常范围。

（2）使用任何装置或方法在条件（1）中的指定地点中对公众表演或展出作品，或者在相同地点或者不同地点，在同一时间内或者不

---

① 宋雅馨. 美国体育赛事反网络盗播案例研究 [J]. 武大国际法评论，2016，02：371－386.

同时间内公众看到作者的表演或展出的作品。

该点强调"公开表演"是指使用任何设备或以任何方式，无论呈现的具体位置或呈现的具体时间，无论公众是否都有看到表演，只要将权利人的作品在公众面前呈现出来，都可以称为"公开表演"。

如今，伴随技术发展而生的新的电视服务模式，冲击了传统电视服务商的利益，继而引发了新的法律问题。特别是互联网技术下，受著作权保护的体育赛事转播被侵权的情况时有发生。橄榄球是美国很流行的一项运动，橄榄球比赛涉及的网络盗播诉讼案件非常多。在NFL（美国全国橄榄球联盟）诉即时电视广播案中，被告通过互联网技术，使用设在加拿大的服务器，将窃取的体育赛事源数据上传到互联网，让身处美国的居民可以通过互联网免费收看这些节目。最终法院判决，被告侵犯了原告的权利，同时也侵犯了原告合法授权给其他人转播的权利。

近年来，我国政府对体育赛事转播权保护问题开始关注，并开展相关合作。2015年11月，在广州举行的第二十六届中美商贸联委会议上，中美双方就对赛事直播的图像或声音的原始记录的保护问题达成了一致，会议同意严厉打击未经授权使用侵犯他人权利的行为，包括通过互联网技术非法在网络上向公众传播的行为。中美双方同意就体育赛事的版权保护问题，通过中美贸易联合委员会或者其他适当的双边论坛，开展进一步讨论与合作。基于美国高度发达的体育产业和高度完善的知识产权保护措施，深入研究美国的立法和法院案例，对于中国制定体育赛事相关法律法规，具有重要的理论和实践意义。

三、我国体育赛事知识产权保护现状分析

近年来，我国越来越重视体育知识产权的保护。改革开放以来，我国对知识产权的支持力度不断增大，相关政策陆续出台。21 世纪

初，科技部印发了《关于加强与科技有关的知识产权保护和管理工作的若干意见》（国科发政字〔2000〕569号），文件规定，"增加研究开发与产业化经费的投入""各级科技行政管理部门要主动引导、帮助和支持科研机构和高新技术企业建立知识产权管理制度，并把这一工作纳入重要议事日程。要对拥有自主知识产权特别是原创性发明专利的科研机构和高新技术企业实行有效的支持政策，在计划安排和经费投入上对原创性自主知识产权的转化和实施予以重点倾斜"。① 2007年10月15日，党的十七大报告中明确提出"实施知识产权战略"。2008年4月9日，国务院常务会议审议并原则通过《国家知识产权战略纲要》，提出"运用财政、金融、投资、政府采购政策和产业、能源、环境保护政策，引导和支持市场主体创造和运用知识产权。"从2009年开始，中央财政设立专项资金，用于支持向国外申请专利，保护自主创新成果。2012年，国务院办公厅转发国家知识产权局等部门《关于加强战略性新兴产业知识产权工作若干意见》（国办发〔2012〕28号），提出要拓展知识产权投融资方式，"完善知识产权投融资政策，支持知识产权质押、出资入股、融资担保。探索与知识产权相关的股权债权融资方式，支持社会资本通过市场化方式设立以知识产权投资基金、集合信托基金、融资担保基金等为基础的投融资平台和工具。鼓励开展与知识产权有关的金融产品创新，探索建立知识产权融资机构，支持中小企业快速成长"。②

知识产权权利归属逐步明确。1984年3月12日，《中华人民共和国专利法》颁布，并于1985年4月1日正式实施，从法律上承认了发明创造可以作为一种无形财产受到保护。1992年，我国对专利法进行

---

① 科技部．关于加强与科技有关的知识产权保护和管理工作的若干意见，http：//www. most. gov. cn/ztzl/jqzzcx/zzcxcxzzo/zzcxcxzz/zzcxgncxzz/200512/t20051230_27344. htm.

② 国务院．国务院办公厅转发国家知识产权局等部门关于加强战略性新兴产业知识产权工作若干意见的通知，http：//www. gov. cn/zwgk/2012－05/02/content_2127881. htm.

了第一次修改，扩大了专利保护的范围，延长了专利权的保护期限，重新规定了实施专利强制许可的条件等。2000 年 8 月 25 日，第九届全国人大常务委员会第十七次会议通过了《关于修改〈中华人民共和国专利法〉的决定》，新修改的《专利法》明确了职务和非职务发明创造申请专利的权利归属。2002 年 5 月 20 日，《关于国家科研计划项目研究成果知识产权管理若干规定》（国办发〔2002〕30 号）发布实施，该规定对计划项目知识产权的归属问题予以明确：项目承担单位拥有知识产权，并可自主处理；在有需要推广应用的时候，项目承担单位免费或有偿提供。2007 年修订的《中华人民共和国科学技术进步法》同样以法律的形式明确科技计划项目知识产权的权利归属。2008 年修订的《专利法》明确规定对专利权利人的合法权益予以保护。①透过这些相关制度与政策，我们可以看出，我国对知识产权的保护力度在不断增强，同时也注重知识产权的推广与应用。

但是我们也应该清醒地认识到，由于我国的体育产业起步较晚、发展尚不成熟，很多地方还存在着问题，实际体育市场机制也不完善，存在一定弊端。体育知识产权建设也面临着很多的挑战。当前，我国体育知识产权建设仍然处在不成熟阶段，制度、规范上还存在许多问题。我国法律对于一些智体结合的体育项目并没有明文立法保护，如运动竞赛表演、团体操表演等。这种成果保护体系不规范、不完善的现状严重阻碍了新的智力成果的创造和发展。同时，国内对体育知识产权的保护意识不足，还存在很多的侵权现象，主要有赛事转播侵权、赛事知识产权立法、赛事侵权司法判决、赛事转播主体等方面存在问题。

---

① 赵捷，李希义. 我国知识产权制度及其政策的演变和调整方向［J］. 中国科技资源导刊，2014，06：7-14.

（一）体育赛事转播侵权问题

体育赛事转播侵权问题是我国体育知识产权保护中一直存在的法律问题。凤凰网转播中超赛侵权案就是一个典型的案例。因中超赛事转播权之争，新浪公司将凤凰网诉至法院。这一案件被认为是中国体育赛事转播著作权第一案。让我们梳理一下该案件的经过。[①]

2006年3月8日，经中国足协授权，中超公司取得了中超联赛资源代理开发经营的唯一授权，有效期为十年，其中包括赛事的转播权。

2012年3月7日，中超公司与新浪公司签订协议，新浪公司获得了中超联赛网络领域独家播放权，包括但不限于比赛直播、录播、点播、延播，期限为2年。值得注意的是，协议中还特别注明了包括凤凰网在内的与新浪公司存在竞争关系的多家互联网公司不得以任何形式，包括但不限于直接盗用电视信号直播或录播中超赛事以及制作点播信号，以跳转链接的方式，公然虚假宣传其拥有或者通过合作获得直播、点播中超赛事的权利。同年12月24日，中超公司再次向新浪公司出具授权书，明确了新浪公司的权利。

2013年8月1日，新浪公司发现凤凰网在其中超频道首页显著位置标注并提供鲁能vs富力、申鑫vs舜天比赛的直播。于是新浪公司一纸诉状将凤凰网告上法院。新浪公司诉称，凤凰网所有及运营者天盈九州公司未经合法授权，非法转播中超联赛直播视频，侵犯了新浪公司享有的涉案体育赛事节目作品著作权，且构成不正当竞争。天盈九州公司攫取了新浪公司的经济利益，分流了用户关注度和网站流量。新浪公司因此请求法院判令天盈九州公司停止侵犯中超联赛视频独占转播、播放权，停止对体育赛事转播权及其授权领域竞争秩序和商业模式的破坏，立即停止对视频播放服务的来源做引人误解的虚假宣传，

---

① 石岩．凤凰网擅自转播中超联赛被判侵权［N］．人民法院报，2015－07－02（3）．

赔偿经济损失 1000 万元，并消除侵权及不正当竞争行为造成的不良影响。

2015 年 6 月 30 日下午，北京市朝阳区人民法院依据《中华人民共和国侵权责任法》第 13 条，《中华人民共和国著作权法》第 10 条第 17 项、第 47 条第 11 项、第 49 条，《中华人民共和国著作权法实施条例》第 2 条，《最高人民法院关于审理侵害民事纠纷案件适用法律若干问题的规定》第 4 条，就此案作出一审判决，认定凤凰网与乐视网以合作方式转播中超赛事的行为，侵犯了新浪公司对赛事画面作品享有的著作权，判决凤凰网的所有人及运营者天盈九州公司停止侵权并赔偿新浪公司经济损失 50 万元。

该案件的其中一个关键点在于涉案赛事转播画面是否构成作品。庭审中，原告认为体育赛事直播节目是以类似摄制电影的方法创作的作品；被告天盈九州公司辩称，新浪公司诉求不明，且其起诉于法无据，足球赛事并非著作权法保护的对象，对体育赛事享有权利并不必然对体育赛事节目享有权利。对于这一点，法院的观点是体育赛事转播画面属于著作权法意义上的作品。因为赛事的转播、画面的制作过程本身就是一个创造性的工作，如比赛的解说与点评、比赛过程中各种画面的选择，都是编导通过编排后形成的，具有独创性，构成著作权法意义上的作品。

从这一案件中可以看出，在我国当前著作法框架下，体育赛事节目由于其独创性较其他如电影类作品不好判定，没有法律支持，因此节目无法受到邻接权的保护。虽然体育赛事节目在制作过程中需要消耗巨大的人力、物力、财力，但录像成品作为邻接权客体，其享有的权利要少于作品，导致体育赛事直播节目无法得到完整的保护，因此，法院将赛事画面认定为独创性较高的作品，但却无法从法律上提供充足的支持，这正是体育赛事节目著作权保护法律适用上存在的障碍。

我国《著作权法》修改草案中对"影视作品"和"录像制品"不再作区分,而是统一作为视听作品受到保护,这一修订对于我国体育赛事节目著作权的保护意义深远。

(二)体育赛事知识产权立法问题

体育赛事是体育产业的核心内容,体育产业中,购买和运营体育赛事版权变得尤为重要。在体育产业中,体育赛事的版权往往价格不菲,甚至高达数十亿人民币,重大的经济价值面前,需要受到法律的约束和保护,这就需要有一套完善的知识产权立法。在中国,一直没有相关法律法规或者权威机构对体育赛事的法律性质进行裁定。在实际运营中,媒体记者需要首先与赛事组织方签订合同,经赛事组织方同意后,记者方可进入比赛场地进行拍摄或访问,双方的权利和义务在合同中都有明确的说明,因此,目前赛事组织者和媒体之间是一种合同关系,体育赛事的转播应当用合同法来进行约束和保护。

但是随着科技的发展和互联网技术的普及,合同法并不能完全保护权利人的权益。如果某家电视台获得了某项体育赛事的独家转播权,但是个人在未获得授权的前提下通过互联网传播自己拍摄的体育视频,那么该家电视台作为版权人的利益就受到了侵犯,但合同法并不能规范和约束这种现象。关于体育赛事转播权的定性问题,一直备受争议,没有得到统一的说法。从司法层面上来看,通过"凤凰网赛事转播案"的审理,可以看到国内针对体育赛事转播问题的立法并不完善,缺乏必要的立法对体育赛事转播权进行保护和约束,导致侵权行为发生时难以进行判决,尤其是通过互联网技术进行权利侵犯时,各方产生很大的分歧。

我国《著作权法》规定了"信息网络传播权",它规定侵害信息网络传播权的行为是公众在任何时间、任何地点可以获得受著作权法保护的作品。我国《著作权法》还规定了"广播权",它规定侵害广播权的行为是以无线、有线通信或广播的形式以及通过扬声器或其他类似的工具向公众传播权利人的作品。这些都无法约束网络非法传播的行为，因此，虽然人们普遍认可，使用《著作权法》来对体育赛事转播进行保护，但是一直缺乏相关行之有效的立法。

（三）体育赛事转播侵权司法判决问题

2015 年 6 月"凤凰网赛事转播案"受到人们的普遍关注，事实上，在该案之前已经出现过与体育赛事转播相关侵权案件。2012 年央视网络诉上海聚力网络直播侵权案件得到胜诉，但是，虽然央视网络取得了胜诉，该案件的判决并没有明确使用"作品"来对体育赛事节目进行定性，也没有涉及直播的法律保护层面。

央视网络诉上海聚力网络直播侵权案件起源于 2012 年伦敦奥运会。上海聚力公司通过 PPTV 网络直播了伦敦奥运会开幕式，但是开幕式的版权是中央电视台独家享有，因此央视网络将上海聚力诉上法庭。央视网络认为上海聚力违反了 CCTV 授权其伦敦奥运会可以通过网络形式向公众传播的权利。上海聚力认为其是单纯的对事实进行报道，但最终法院认为，原告对开场现场的拍摄是有选择性的，加上 CCTV 主持人的解说和字幕，形成了具有一定独创性的赛事作品，依照以类似摄制电影的方法创作的作品，生产者享有版权。

2008 年 5 月，央视国际公司诉讼世纪龙公司非法转播"圣火耀珠峰"直播节目。该案件中，原告认为被告未经授权，在网络上对奥运火炬接力节目进行了实时转播，已构成侵权行为。被告辩称，该项活动不具有可复制性，不受著作权法保护。最终法院判定"圣火耀珠峰"是具有独创性的作品，被告侵犯了原告享有的信息网络传播权。

2008 年 6 月，央视国际公司诉讼世纪龙公司非法网络转播德国 vs 巴西女足比赛。央视国际公司取得胜诉，法院判定，央视国际公司所制作的德国 vs 巴西女足比赛是具有一定独创性的作品。[①]

"凤凰网赛事转播案"中，法院认为尽管法律上没有规定独创性的标准，但是新浪网通过对体育赛事的选择录制、节目剪辑、节目解说以及字幕配合等动作，呈现给观众一种具有创造性的画面。对比"德国 vs 巴西女足案"和"凤凰网赛事转播案"不难发现，在新媒体网络不断发展的大背景下，对于实践中体育类电视节目和体育赛事盗播纠纷，法院倾向于认可节目或者赛事录制画面的"作品"属性，以《著作权法》保护转播方利益。然而即便是确认了"作品"的属性，仍然没有具体而明确的法律规定来限制非法网络转播行为。

（四）体育赛事转播权的主体问题

1. 参赛队的竞争性使其难为转播权主体

体育比赛是各参赛队之间通过相互竞争夺取胜利来吸引消费者。也正是由于球队之间的竞争性，使得体育赛事之间更加具有观赏价值。但也正是它们之间的这种竞争性决定其不能获得体育赛事的转播权。

第一，为了保持比赛的均衡性，决定参赛队不能获得转播权。虽然各个参赛队被视为职业体育的微观主体，但与一般产业不同的是，它们必须通过相互比赛才能进行生产。同时，由于球队之间的不均衡发展，导致强弱分明。那么如何保证比赛的长足发展？因此，可以通过把优秀运动员分配到相对较弱球队以平衡实力。这也就决定它们之间不能单独获得转播权。

第二，为了保持各个参赛队的稳定性，决定参赛队不能获得转播权。将整个比赛结合起来统一出售，其商业价值是巨大的。主办方统一将整个赛事转播权出售给一家媒体，然后再将收益分配给各个参赛队，既能实现利益的最大化，也能使各个参赛队获得利益，有利于全

---

① 王国飞，黄恬恬. 我国体育知识产权法律保护研究［J］. 体育成人教育学刊，2014，06：9－12.

面开发体育赛事的价值，提高转播的质量，使赛事的转播更加完整与顺畅。不仅可以增强体育赛事的社会影响力，而且还可以协调好与转播机构的关系。

2. 运动员的利益获得

我国劳动法虽然没有明确规定职业球员是否受劳动法保护，但是，依据《劳动合同法》第 2 条以及《中国足球协会运动员身份及转会规定》《中国足球协会注册工作管理暂行规定》等相关行政规章对职业球员和职业俱乐部的相关规定，可解释为我国职业球员受劳动法保护。

当职业球员和其所属的俱乐部之间建立劳动合同关系，那么，他就是俱乐部的合法成员，同一般的劳动者一样，按照劳动合同的约定，拿固定的薪金、奖金之类的劳动报酬。职业球员与俱乐部之间不仅具有财产属性，更具有人身属性。职业球员所支出的一切费用都是由其所属的俱乐部提供的。西班牙俱乐部运动员的形象权一般通过劳动合同转让给参赛队，他们享有的权利通过薪金的方式获得。

3. 主办方作为转播权主体是国际惯例

按照国际通行规则，体育赛事转播权的权利主体为赛事主办方。《奥林匹克宪章》明确规定了国际奥委会对奥运会转播的权利。国家广播电影电视总局在 2000 年 1 月 24 日下发了《关于加强体育比赛电视报道和转播管理工作的通知》，该通知规定：小型的体育赛事的转播，则应该在合理、有序的规则下，各个电视机构竞争购买。在国内的有关大型的体育运动会，如世界杯足球赛、全运会、奥运会、亚运会等的电视转播权一概由中央电视台统一负责，包括谈判和购买电视转播权。该文件的出台，意味体育赛事转播权获得了正式的认同。2000 年 3 月 31 日，国家体育总局也下发了《关于电视转播权管理有关问题的通知》，该通知指出，根据国际惯例，体育比赛的电视转播权属于比赛主办单位。我国最新的《中国足球协会章程》也对赛事转播权做出了规定。综上，我国体育赛事转播权的权利主体属于赛事的主办方，认同国际上的通行做法。

四、我国体育赛事知识产权保护改进措施

随着我国经济和社会的高速发展，国际体育赛事转播越来越青睐中国市场，并且在中国市场获得了巨大的经济效益。在强大的市场需求和经济背景下，对体育赛事转播法律法规的完善日益重要。随着互联网技术的发展，主办方和运营责任方的合法权益受到网络盗播侵犯的案例也逐渐增多。

2015 年 Tencent、Sina、LETV 三家公司联合发起了互联网体育知识产权保护联盟，这是国内第一个为维护自己合法权利而主动建立的相关联盟。通过对美国体育赛事转播实践分析，立足中国现状，应对网络盗播行为应从以下几个方面考虑。

（一）明确体育赛事网络传播受立法保护

通过美国的司法实践，可以看出以版权法来调整体育赛事网络盗播行为是最适合的。而且很多发达国家的著作权立法在应对数字技术挑战方面已经具备了相当的经验可供借鉴、参照。

中国和美国对未经权利人同意将体育视频向公众播放的行为的处理是不同的。美国法律明确规定这种行为侵犯了权利人的"公开演出权"，在我国，只能由《著作权法》中的信息网络传播权和广播权，或者"其他应该由著作权人享有的权利"调整。事实上，我国目前的《著作权法》关于信息网络传播权和广播权也没有一个完善的定义。《著作权法》规定信息网络传播权，限于公众可以在任何时间和任何地点通过网络获取他人受到保护的作品，该规定可以用来规范前面提到的"未经权利人同意将受到保护的体育赛事节目上传到网络服务器来提供给其他人观看"的行为。广播权可以调整"以无线方式传播作

品""以有线方式传播或转播的作品"和"向公众传播接收到的广播作品"三种行为。如果按照大多数人有线传播也包括网络传播的观点，那么将受到保护的体育赛事节目上传到网络服务器来提供给其他人观看的行为就侵犯了广播权的第二种行为。因此，体育赛事非法网络传播既侵犯了信息网络传播权，也侵犯了广播权，这一点在学术界和实践中引起了很大的争议。对于非法窃取将体育赛事的网络链接播放的行为，显然信息网络传播权和广播权都不适用。查阅我国的司法案例，可以看到不同的法院会对类似案例做出了不同的认定。我国对著作权内容采用了兜底条款，这一点在世界国家中是很少使用的，因为这样法院裁定的自由性增大，将造成很多不确定性。

为了解决这个问题，一些学者主张可以将"选定的时间和地点"改为"选定的时间或地点"，这也可以调整定时的网络盗播现象。也有学者受到 WCT 制定的"向公众传播权"规定的影响，提出了一个新的概念"传播权"，是将网络信息转播权和广播权合并得到。1998年10月，为了使1976年制定的《美国版权法》适应网络环境，美国国会通过了"DMCA"法案，但是该法案并没有提到网络传播权，因为《美国版权法》已经可以调整网络传播侵权行为。"传播权"是版权所有者的权利，是将作品向公众传播的权利，与发行权相比，传播权在使用一种看不见的方式来利用作品。在美国，表演权和展览权是作品权利人所享有的权利，展览权是表演权的发展和完善。表演权不仅体现在阅读、舞台表演等形式，还包括广播放映等以设备来表现作品的机械表演。《美国版权法》还规定，公开表演如果使用机械设备，不限于相同的位置或不同的位置，也不限于公众在相同时间或者不同时间观看表演或展览。因此对于网络转播，即使公众没有在同一个地方或者相同的时间观看表演，都构成了公开表演行为，这一点在iCraveTV 案例中体现了出来。

由于《美国版权法》定义的公开表演权包括了网络传播权，因此在美国的司法实践中，对于体育赛事转播行为，法官需要确定的关键在于它是否构成"公开演出"。而国内由于缺乏明确的立法，法官重点关注的是有线和无线、交互式和非交互式的判断。我国的体育立法规定是从《伯尔尼公约》迁移过来，但是引入 WCT 修复方法，导致了我国现行立法对体育赛事转播的疏漏，导致广播组织合法权益受到侵犯。这些问题引起了国内学者和世界知识产权组织的强烈关注，世界知识产权组织已经意识到问题的存在，《世界知识产权组织关于保护广播组织的条约》的最新草案中规定"以任何手段同步或迟延传播"广播组织所广播的信号都属于侵权。①

目前可以通过三种方式来保护体育赛事网络转播的版权，一是转播权的扩张，保持信息网络传播权的内容不变；二是信息网络传播权的扩张，保持广播权的内容不变；三是对广播权和信息网络传播权进行统一形成传播权，将表演、展览等行为统一归到"向公众传播"中。近年来，传播权在实践中的意义也将不断扩大，最后一种方式更可以适应时代的挑战，《美国版权法》在一定程度上证明了这一点。只要被告人的未经授权行为达到了"公众表演"的程度，在没有法定免责条款的情况下，应当承认被告侵犯了原告的"传播权"。因此，"传播权"既可调整体育赛事网络转播的行为，还可以调整体育赛事网络盗链的行为。

（二）充分发挥判例案件的指导作用

在我国《著作权法》不是很完备的情形下，要克服体育赛事转播权相关的立法缺陷，从眼前来看，需要强调案例的指导作用，从长远来看，最直接的办法还是赋予判例以法律渊源的效力，来弥补立法的

---

① 周晓燕. 上海体育知识产权保护制度的建设与完善 [J]. 体育科研，2015，04：37 - 41 + 59.

不足。2015 年朝阳区法院对新浪诉凤凰一案的判决首次认定体育赛事画面构成作品，可以成为以后同类案件的先例，虽然饱受争议，但也引发了各界对于体育赛事转播，尤其是网络转播的关注和思考。

一方面，我国的法律规定了法院进行案件的审理，其裁判结果仅对当前案件有效，不形成对后续案例的参考，不对任何其他案件产生法律效力。尽管如此，法院在审批判决时，往往会分析之前的案例，与之前案例尽量保持一致性。如央视国际公司对世纪龙公司网络广播德国 vs 巴西女子足球队的判决，与央视国际公司诉上海 synacast 公司的判决不一样，这种裁判方式必然会影响后续对类似案件的判决。

另一方面，知识产权的司法判例制度有其独立性。知识产权和体育赛事转播问题本身是国际性的，美国和欧盟体育产业发展较早，具有丰富的理论和司法实践经验，在体育赛事转播市场占用重要地位，建立符合国际知识产权制度的判例制度，有利于提升我国在国际市场中的地位。

随着我国体育事业的蓬勃发展，完善相关的著作权条款的立法已成为当务之急。根据对美国相关立法和司法判例的研究结论，我国宜双管齐下，一方面在成文法中明确体育赛事网络转播权的性质和内容，设置"公开表演权"或者"向公众传播权"来弥补现有法律规定无法调整网络盗播体育赛事的缺陷；另一方面充分发挥我国判例的指导作用，与国际规则接轨，发展知识产权判例制度。

五、小结

体育赛事转播大大促进了体育产业的发展。但体育赛事转播的权利在中国没有明确的立法定义，其法律属性一直受到争议。特别是随着互联网时代的到来，体育赛事网络转播行为越来越多，这一问题更加凸显。对此，借鉴外国先进立法，在立法层面，可以将广播权和信息网络传播权统一为传播权，将表演、展览等行为统一归到"向公众传播"中，只要被告人的未经授权行为达到了"公众表演"的程度，在没有法定免责条款的情况下，应当承认被告侵犯了原告的"传播权"；在司法实践层面，在目前我国立法保护尚未到位之时，充分发挥判例案件的指导作用，可以作为法院解决相关纠纷的参考，以期维护法之公平正义。

第四章

我国体育冠名权知识产权保护问题

随着我国体育产业的快速发展，体育冠名赞助成为一种重要的商业模式。企业可以通过体育冠名赞助来降低企业品牌宣传成本，让自身品牌的知名度傍着被冠名体育事物的知名度迅速攀升，从而带来强劲的消费吸引力和巨大的商业利润。所以，越来越多的企业开始涉足体育产业，通过体育冠名赞助来宣传其品牌形象，扩大自身影响力。随着体育冠名赞助商业行为的不断增多，越来越多的冠名权纠纷案件涌现出来，需要在法律层面对体育冠名权进行保护和约束，对冠名权进行界定。但是目前却并没有相关法律能够及时跟进予以规范，现有法律对于体育冠名权的开发、应用以及纠纷解决显得有心无力。所以，有必要对体育冠名权的法律性质予以明确界定，并以此为基础完善相关法律规定，加大对体育冠名权的法律保护力度。

体育冠名权，是指企业向体育部门、体育组织等提供资金赞助，而获得对体育赛事、体育场馆等命名的权利。体育冠名赞助是一种商业行为。

2008 年，我国成功举办了北京奥运会，开启了中国体育产业发展的新篇章，推动了我国体育经济的进步，促进了体育产业的繁荣发展。与此同时，体育冠名权出现的频率与日俱增，从赛事冠名到体育场馆冠名，甚至体育俱乐部也被品牌冠名，比如恒大足球俱乐部、中石化中国赛车大奖赛，等等。

当前体育冠名一般可以分为商业性体育冠名和非商业性体育冠名。这两种冠名方式在实践中是很常见的，企业出资冠名赞助体育赛事是典型的商业性体育冠名，个人或社会组织出资建造体育场而冠名是典型的非商业性体育冠名。体育冠名现象是随着体育产业的发展、体育经济的进步而产生的，其存在是具有合理性的，主要体现在下面几个方面：

（1）商业性体育冠名是体育经济繁荣发展的产物。商业性体育冠名存在着广阔的适用空间，它的出现是体育竞争商业化和经济市场化的结果。

（2）体育冠名权的出让是市场交易双方利益结合的结果。体育赛事作为宣传载体，促进了企业品牌宣传，扩大了企业广告效应，同时也有利于被冠名者通过被冠名获得经济效益，促进收入的提高，因此体育冠名权的出让在体育经济社会中是一种双赢的模式。

（3）体育冠名权的出让符合现代化城市运营和体育设施管理的理念。在现代城市建设中，体育场的冠名权出让得到了各级政府的支持，极大地推动了当地体育产业的发展，繁荣了体育经济，提升了体育文化。城市体育场冠名权的出让，有利于引进增量，去除存量，利用社会资本实现体育场馆的建设，优化城市体育资源的分配。

（4）非商业性体育冠名也存在广阔的适用空间。一方面，体育事业需要一定的资金扶持，被冠名者可以更好地从事体育事业的研究。另一方面，非商业性体育冠名让人们熟知冠名者的良好社会形象，对冠名者而言，这是一笔无价的精神财富，具有潜在的经济价值。

在现代体育运动中，不管是商业性体育冠名还是非商业性体育冠名，体育冠名权都越来越受到政府和群众的重视，这就涉及了更多的社会关系，也必然会产生一些现实纠纷，从法律层面对体育冠名权进行约束和保护显得尤为重要。

目前体育冠名权交易作为一种新兴的体育经济现象，还没有立法对体育冠名权进行界定和对冠名权交易进行保护，无论是学术界还是法律界都缺乏关于体育冠名权含义深层次的探究，但是大量体育冠名权交易的现象已经涌现出来，并且随之而来的是相关权益的争议和纠纷，迫切地需要出台相关法律来规范解释，否则将会阻碍体育产业的向上发展，这些都需要相关学者进行深入研究和探讨。

一、体育冠名权概述

（一）体育冠名权的概念及特点

冠名现象在市场经济中是非常常见的，体育冠名权最早起源于美国。19 世纪 70 年代，美国第一个发起了体育冠名权，随后在国际上掀起了一股冠名热潮，在 19 世纪 90 年代达到冠名权的高潮。我国引入体育冠名权的时间较晚，到 20 世纪 80 年代，我国才第一次出现了体育冠名权交易。1980 年 10 月举行的广州万宝路网球精英赛，这是大型国际网球赛第一次在我国举办，标志着我国正式引入了体育冠名权交易。20 世纪 90 年代，随着我国体育产业的快速发展，我国足球联赛中越来越多的使用体育冠名权，并且逐步从足球延伸到了篮球、排球、乒乓球、羽毛球、围棋、象棋等项目，被冠名的对象也不断延伸，从球队到体育场馆，到体育赛事，再到体育节目等，体育冠名现象活跃在整个体育市场。

所谓体育冠名权，是指自然人、法人和其他组织（冠名赞助商）为体育单位提供资金或其他资产，以获得可以为被赞助体育单位中的体育设施、体育队或体育赛事设定名称的权利。

体育冠名的本质是商业性使用某些被人熟知的名称，实现获取经济利益的目的，是一项民事活动。活动的客体是名称，通过冠名的方式对自己的品牌进行宣传，提升冠名商的知名度，从而吸引更多消费者，创造更多的商业价值。为了达到传播宣扬的目的，名称必须是人们所关注的，即具有社会认知性的所属物的名称。冠名商是体育冠名权的主体，包括自然人、法人和其他组织。体育冠名权具有以下几个特点：①

首先，无形性是体育冠名权最重要的特点。这个特点决定了体育冠名权是一种无形财产。有形财产的所有人享有处置它的权利，处置的对象为有形财产本身。而冠名权，不存在具体的物体，需要与有形财产及其带来的权利分割开来。无形性的特点，也给冠名权带来了众多不利因素，比如对于冠名权的交易、名称的保护、名称的侵权等问题，比有形资产问题复杂得多。

其次，专有性是体育冠名权的基本特点。与有形财产相同，冠名权也具有专有性的特点，具有绝对性和排他性。体育冠名权的这一特点，对冠名主体名称的转让、交易、处分等予以了保护。冠名主体是唯一的权利人，其权利受到法律的严格保护，任何未经冠名主体允许而使用冠名的行为都是违法行为。

再次，时效性是体育冠名的重要特点。时效性是体育冠名权的又一个特点，它体现在两个方面：一是冠名的有效期间是通过合同进行约束的，合同约定的时间可能几个月，也可能几年甚至数十年，只要在合同期间内，冠名主体就享有冠名的权利，而合同一旦解除或者到期，原冠名主体将不享有任何冠名权利。二是在短时间内的单项体育赛事的冠名，虽然合同没有约定冠名到期时间，但由于体育比赛时间短，一旦比赛结束，赛事的热度就会消减，所以即使冠名权没有被回收，随着时间的推移，该冠名也会被遗忘。

---

① 张厚福，赵勇戈，胡建国，等．体育知识产权的产生与我国体育知识创新［J］．武汉体育学院学报，2003，03：7－9＋25.

最后，载体的高接受性和多样性。体育赛事是一项充满活力和竞争的经济运动，给人以积极向上、不断拼搏的好感，赞助企业对体育比赛进行冠名，不会引起人们对于冠名的反感，具有高度的接受性。与其他名称相比，体育冠名是一种高效的曝光方式，通过对体育赛事进行冠名，结合体育运动本身积极向上的精神，无形中将企业的理念渗透到相关消费群，在观众心中留下深刻并且良好的印象。此外，体育比赛多种多样，体育组织灵活多变，体育场馆数量很多，企业具有多样的选择权。

（二）体育冠名权的内容

冠名权是一种相对独立的权利，总结起来，它由两方面组成：积极性和消极性。积极性指对冠名的使用、处分等方面；消极性指非法盗用、损害冠名主体的冠名权利等方面。

1. 使用

冠名权的基本内容是获得冠名权的冠名商可以根据自己的理念使用冠名。主要有两方面的内容：第一对冠名的维持，这也是对冠名权的表现和标识；第二对被冠名个体，根据其固有性质和特点进行实际利用，获取应得的权益和利益，这要求在对冠名维持的基础上，多样化并灵活地利用冠名权。在实践中，冠名权一般是在被冠名个体的各个元素中体现出来。如对足球队的冠名，主要是通过参赛名义、比赛播放、电视广告及球员穿着标识等形式表现出来。如托普集团冠名上海申花足球队，双方约定上海申花足球队副冠名权由东部公司获得，冠名期限为2001年3月1日至2004年2月28日，东部公司需支付冠名费用1000万美元，东部公司获得上海申花俱乐部提供的整年的电视直播、专栏广告。

2. 处分

冠主有权对冠名权进行质押、变更、转让与赠与等处分。

质押是担保的一种重要方式，通过质押的方式，债权人可以获得债务人的动产或权利，同时满足债务人的需要。当债务人违约时，债权人有权使用已质押的财产或权利进行抵偿。质押的对象可以是动产或权利。我国《担保法》第 75 条的规定，可以作为质押的财产或权利包括以下几个方面：（1）汇票、支票、本票、债券、存款单、仓单、提单；（2）依法可以转让的股份、股票；（3）依法可以转让的商标专有权，专利权、著作权中的财产权；（4）依法可以质押的其他权利。第（4）点可以根据其他法律进行解释。

体育冠名权是将无形资产进行交易的一种商业行为，符合财产质押的基本要求，是冠主可以行使处分的权利。这就意味着冠名的对象是可以更改的，因此体育冠名是受到合同的限制的。当企业名称发生改变时，冠主需要对冠名进行变更。比如当企业发生了合并，冠主有权变更冠名以实现冠名与事实的相一致。比如 2001 年上海申花足球俱乐部有限公司进行重组，成立上海申花 SVA 文广足球俱乐部。通过重组，冠名权也发生了相应的改变。①

3. 排除他人干涉

作为民事权利的一种，冠名权也有排除他人不法剥夺、侵害、干扰或妨碍之内容。除了被冠名对象应当履行被冠名的义务，尊重冠名权利，并对冠名商提供必要的帮助，所有其他组织或个人不得干涉冠名商行使自己的权利。如果冠名权受到他人的非法干涉，冠名商有权依法要求对方停止权利侵犯、尽快消除阻碍，严重时可以依法要求对方赔偿损失。

（三）体育冠名权的要素

1. 冠主是体育冠名权的主体

冠名主体是提供资金财力的冠名商，而非对象的所有者或支配人。

---

① 马小华，李开广. 体育知识产权法律界定刍议 [J]. 首都体育学院学报，2003，02：8 – 10.

比如北京五棵松体育馆更名为万事达中心，正是由于北京五棵松体育馆的冠名权归万事达卡国际组织所有。北京五棵松体育馆作为所有人，具有所有权和支配权，但是不具有冠名权，万事达卡国际组织通过赞助、购买等方式已购买体院馆的冠名权，则在合同约定年限内，体育馆的冠名权归万事达卡国际组织所有。

2. 体育冠名权的客体是被选择的名称，而不是体育队伍、体育场馆等被冠名的对象，也非冠名这种抽象行为

权利客体是指在权利所涉及的法律关系内权利和义务共同指向的客体。体育冠名行为牵涉到了冠主和物主，两者在法律上的链接点只是冠体的名称。冠主对冠体不具有任何的决定权和支配权，也不承担任何义务。冠名行为在冠体获得冠名之后即完成。通常的，体育冠名由两部分组成。如北京现代北京马拉松赛，它由北京现代汽车公司和北京马拉松比赛两部分组成，其中，前者被称为前项，一般由冠主决定，通常是与冠主有关的名称；后者被称为后项，是冠体的通用名称。

二、体育冠名权的法律性质界定

（一）"恒大球衣换名案"案例分析

近年来，足球比赛在我国迅速升温，积累了亿万球迷。2015 年11 月21 日，在广州天河体育场，广州恒大足球队击败阿联酋阿尔阿赫利足球队，获得亚冠冠军。这是广州恒大足球队第二次获得亚冠冠军，极大地鼓舞了长期萎靡不振的国足，受到亿万球迷的追捧，广州恒大足球队成为万众瞩目的焦点。然而，在广州恒大足球队获得亚冠冠军的同时，东风日产公司指出了广州恒大足球队的违约行为。广州恒大足球队在未经过东风日产公司同意的情况下，将广州恒大足球队球衣胸部广告用"恒大人寿"替换了原广告"东风日产启辰 T70"，违反了双方的合同约定。事情起源于东风日产公司与广州恒大足球队在

2014 年 1 月签订了广告合同，合同规定，东风日产公司拥有广州恒大足球队 2014 和 2015 主客场比赛球衣胸部广告的权利，相应地支付广州恒大足球队 1.1 亿人民币。但是在备受期待的与阿联酋对战的亚冠赛中，广州恒大足球队将球衣胸部广告换成自己的产品"恒大人寿"。2015 年 12 月，广州市花都区人民法院收到东风日产公司对广州恒大足球队的起诉状。其实这并不是广州恒大足球队第一次擅自更改球衣胸前广告，2014 赛季同样是亚冠，广州恒大足球队在主场的一场比赛中将胸前球衣广告擅自变更为"恒大粮油"，此事最终以恒大赔付东风日产公司近千万和解。

广州恒大足球队三年两夺亚冠冠军无疑是一大壮举，但其不顾赞助商的反对，单方面更换球衣广告这一"重利轻义"的行为却让这一壮举多了一些尴尬。这一行为是对当今商业社会最基本的契约精神的公然违背，是对诚实信用、规则意识的直接蔑视，是对体育精神与法治精神的一种背叛。恒大球衣换名有其自身的原因，但究其根本，是体育冠名权的法律保护机制不健全，违约成本低廉所致。体育冠名作为一种商业行为，涉及合作双方的经济利益，难免会产生各种各样的现实纠纷，这时，以定纷止争为己任的法律就应该适时出面予以解决。但因为法律本身所固有的滞后性，我国现行法律对于因体育冠名引发的纠纷显得有些有心无力，相关立法对体育冠名权没有明确涉及，体育冠名权的法律性质无论是在实务界还是在学术界都没有得到统一认识，对于体育冠名权的保护更是因为缺乏直接明确的法律条文及司法解释而无从谈起。

（二）体育冠名权分析

1. 体育冠名权是一种兼具公共属性的私权

体育冠名权首先是一种私权。这点可以从以下几个方面进行分析。首先，体育冠名权是通过合同进行约束和保护相关权利，合同的主体是签订合同的双方，即冠主和物主，合同的客体是冠名的名称，合同内容是约定冠主通过支付一定的资金等获得体育设施、体育队伍或者体育赛事的冠名权。由此可见，体育冠名权是以双方签订的合同为基础的，合同规定了双方需要履行的义务和获得的权利，因此应该受到合同法的规制。合同法是对私权属性的权利进行保护和约束的法规，是一种私法。其次，体育冠名权的权利仅属于冠主。冠主根据合同获得冠名权，合同权利属于债权，债权属于请求权，因此，冠名权的顺利实施，除了受到冠名合同的约束外，与物主积极履行合同约定义务有非常大的关系。例如在体育队伍进行比赛或者进行宣传活动时，物主应积极彰显冠主的冠名。再次，对于公共事物的冠名，这些事物的公共属性是当前体育冠名权权利属性的主要争议。而对私有事物的冠名，由于这些事物并不具有公共属性，一般采用私权利的处理方式。公共事物是指这些被冠名的事物属于公共财产，如国家体育运动场馆、国家级体育赛事、国家运动代表队，等等。对公共事物的管理，应引入国家公权力。但是，对公共事物冠名并不意味着冠名权是公权，对于公共体育事物的国家管理权与体育冠名权是两种虽有联系但并不相同的权利。最后，冠主通过赞助合同的方式，对事物进行冠名，以扩大自身品牌的影响力。体育冠名本身就是一种商业行为，其本质属于私权的范畴。

体育冠名权有一定的公权属性。其公权属性主要体现被冠名事物的公共性上，如体育设施、体育赛事或体育队伍等的公共性。前面提到的恒大球衣换名案中，广州恒大足球队的行为构成了对赞助合同的违约，依照合同法的规定进行赔偿是不可避免的。但是，广州恒大足球队单方面违反约定，更换球衣胸前广告造成了非常恶劣的影响，远超过合同法规定的应赔偿的损失。广州恒大本身是我国的领军企业，具有广泛的知名度。亚洲俱乐部冠军杯赛受到亿万球迷的关注，公共性显而易见。广州恒大足球队私自更换球衣胸前广告的行为是对商业社会最基本的契约精神的公然违背，是一种重利轻义的行为，也极大地影响了体育产业的发展，对社会造成了极其恶劣的影响。对于东风日产公司的损失，可以根据合同法进行救济，但是对于给社会造成的公共损失，就需要公法的介入进行救济。

从法律层面上分析，目前合同法是保护体育冠名权的主要立法，但是合同法是一种典型的私法，它属于民商法，民商法的制定就是为了保护个人的权利，其立法思想是以个人为本位。但是随着生产社会化的发展、垄断的出现，社会经济形态发生了改变，市场缺陷日益严重，经济自由主义与个人权利本位冲击了经济发展，经济发展出现停滞甚至倒退。尽管民商法适时做出改变，如限制个人权利、强调社会责任等，但却改变不了其以个体为本位的本质属性，仍然难以兼顾社会利益。此时，就需要以社会为本位，以保护社会利益为己任的公法介入调整。体育冠名权涉及被冠名的体育事物，因其具有公共性，所以必须有相关公法介入调整。

2. 体育冠名权是一种知识产权

随着市场经济的发展，吸引公众眼球的"聚焦力"已经成为重要的社会广告资源。体育领域的冠名权就是社会广告的一个典型代表。企业通过冠名对象的"聚焦力"，可以有效地推广自己的品牌和产品，扩大其影响力。体育冠名是当前广泛使用的一种商业模式。与传统商业宣传模式相比，这种模式大大降低了企业品牌和产品宣传的成本，通过冠名对象的知名度提升了自身品牌和产品的认知度和口碑，带来强大的消费力，从而获得商业利润。

在这种情况下，企业的品牌和产品名称实际上是以一种商品的形式成为赞助合同的客体。在这种特点下，体育冠名权也是一种可商品化的名称权。企业通过签订赞助合同获得相关体育事物的冠名权利，实际上是扩大自己的企业品牌或产品名称，冠名权属于名称权的延伸。名称权是法人、个体工商户、合伙企业所享有的决定、使用、变更以及依法转让自己的名称并不受他人侵犯的一项权利。

体育冠名权属于其中"使用自己的名称"这一具体权利。冠主获得了对冠体的冠名权后，可以利用冠体的固有属性和特点，同时根据自己的意志将冠体命名为自己希望的名称。比如阿里巴巴集团与国际足联于 2015 年 12 月签订了为期 8 年的体育冠名赞助合同，成为国际足联俱乐部世界杯的独家冠名赞助商。合同规定，由阿里巴巴集团与上汽集团联合打造的互联网汽车品牌"阿里巴巴 E－Auto"取得了 2015～2022 年世界杯足球赛的冠名权，同时，阿里巴巴集团子公司阿里体育可以对国际足联俱乐部世界杯的赛事运营、赛事转播、赛事票务等展开一系列的服务。再如，前面提到的案例，东风日产公司与广州恒大足球队签订的赞助合同，东风日产公司以 1.1 亿人民币的赞助获得恒大 2014 和 2015 赛季比赛球衣胸部广告的权益，要求广州恒大足球队身穿被冠名球衣参加足球比赛及球队宣传活动。这是体育冠名权的基本内容和要求。

知识产权是权利人所享有的一种财产权利。知识产权不同于有形财产权，它是一种无形财产权，其本质特征是非物质性。传统知识产权主要包括专利权、商标权、著作权和商业秘密等，然而，21 世纪以来，知识产权的范围不断延伸。从知识产权来源的角度来看，它主要来自智力劳动和商业活动，以及在商业活动中产生的无形财产，商标、商业秘密和商业信誉都是无形财产。随着市场经济的发展，商业信誉作为一种无形的财产，越来越受到人们的的关注，商业信誉具有知识产权的特性——时间性、地域性和专有性。商业信誉是企业经过长时间的努力经营，用辛勤劳动和良好信誉换来的企业成就。《建立世界知识产权组织公约》对知识产权做了界定，它规定知识产权包括文学艺术及科学作品、演出、录音、广播、发明、发现、工业品式样、商标、企业名称和标记、制止不正当竞争等一切知识活动的权利。体育冠名权的客体是冠名的名称，目的是企业名称的"商业化"，企业名称是企业商业声誉的载体，企业商业信誉制约着企业的生存和发展，也能够为企业带来巨额的利润。因此，在本质上，体育冠名权的客体是一种无形的财产，体育冠名权是企业名称权的一种扩展，用来保护企业的商业信誉，因此体育冠名权是一种知识产权。

（三）体育冠名权的法律界定

体育冠名在我国出现得较晚，目前，还没有立法来指导体育冠名权，也没有立法来保护和约束体育冠名合同。尽管我国已经有合同法，但是我们仍然需要深入研究体育冠名合同的法律性质。本节将通过体育冠名合同与买卖赠与合同的比较，明确其法律性质。

体育冠名合同并非买卖合同。买卖是买受人通过支付价款，获得出卖人出卖的标的物所有权的行为。买卖合同促使标的物的所有权发生了转变，这是合同法赋予买卖合同的法律性质之一。根据《民法通则》的定义，双方完成买卖合同后，买受人享有对标的物的使用、处分等权利。冠名权的特点可以从下面三个方面来阐述：首先，冠名权具有依附性，不能独立存在。它依附于体育赛事、体育场馆、体育队伍等，冠名权是对这些载体名称的设定权。其次，冠名权不影响被冠名载体的所有权和管理权，如体育赛事、体育场馆、体育队伍等载体的所有权和管理权仍然归载体所有人享有。最后，冠主不能对冠名权占用、处分。按照合同约定，冠主在约定时间内享有对冠名权的使用权利，但是不可转让给第三方使用，当合同期满后或者单项赛事结束后，冠主不再享有冠名权，冠名权归载体所有人所有。拍卖体育冠名权是除了体育冠名赞助之外开发体育产业的一种重要手段。广义拍卖包括拍卖和招标，是指使用竞争的方式来进行缔约。拍卖与买卖不同，最主要的体现在拍卖的不仅仅是标的物的所有权。《中华人民共和国拍卖法》第 6 条规定："拍卖标的应当是委托人所有或者是依法可以处分的物品或者财产权利。"随着对法律的深入研究，一些学者参照西方发达国家的先进理论，认为冠名权是可以转让的无形资产，提出了"商品权"的概念。但也有一些学者认为冠名权是人身权，而不是财产权。

体育冠名合同与赠与和公益事业捐赠合同是不同的。自愿和无偿给予是赠与和捐赠的主要法律特征。但是赠与和公益事业捐赠之间也是有区别的，二者的受益人和财产用途不同。赠与的受益人没有任何限制，可以是个人、团体或者社会组织，赠与的财产用途也没有限制。捐赠的受益人必须是合法成立的公益组织，捐赠的财产必须用在公共事业上。总之两者都是无偿合同，捐赠人和赠与人都不享有同时履行抗辩权，即没有规定先后履行顺序，在一方没有履行时，另一方也可以拒绝履行的权利。体育冠名赞助的主要目的是建立品牌形象，提升品牌知名度，遏制竞争对手，赞助方通过使用财产购买等途径获得被赞助方冠名权，被赞助方的行为是收取赞助资金的对价给付，双方签订的是有偿合同。当双方有一方违约时，被违约方依据签订的合同要求违约方进行赔偿。在具体的体育比赛中，当主办方按照合同约定布置场地、宣传赞助商，而赞助商单方面违约时，主办方可以依据签订的赞助合同起诉违约方，要求法院强制执行经济赔偿。但这种情况是基于正常经济合同法的判决情况，假如是赠与合同，这种强制的经济赔偿不会产生。依据《合同法》第 195 条规定，在特定条件下，赠与人可以不再履行赠与义务。因此，体育冠名合同不属于赠与合同或公益事业捐赠合同。

体育冠名和赞助合同与市场上的广告合同类似，但存在本质的区别。商业广告是商品经营者付出经济费用，采用广告方的媒介宣传推广自己的品牌或商品。而体育冠名的最终目的是通过冠名的载体宣传自身品牌或产品，对物主所言，其实质出让的是广告机会。它们的区别体现在以下几个方面：

（1）合同标的不同。商业广告合同的标的是广告的载体、内容和形式；体育冠名合同的标的是冠名对象的名称。

（2）合同识别性不同。商业广告合同标的是广告，消费者可以非常容易辨识到硬性广告的存在；体育冠名的广告作用仅是其潜在属性，可识别性差。

（3）对合同当事人的要求不同。《广告法》规定商业广告合同的当事人是具有一定的技术实力和合法经营资格的广告经营者。体育冠名合同中，出让冠名权的物主及获得冠名权的冠主，其身份是任意的，并不要求是具有合法经营资格的广告经营者、广告发布者。

由此可以看出，虽然体育冠名合同与商业广告合同在某些方面一样，两者都是出让广告机会，但体育冠名合同的标的物是冠名的名称。笔者认为，体育冠名合同与商业广告合同的部分法律属性是一致的，体育冠名合同是一种特殊的商业广告合同，具体表现为：体育冠名合同是一项授权许可合同，是被授权人通过使用资金购买、债券转换等方式，获得权利人的某种权利，在合同约定的期限和地域内使用。无偿授权也是授权许可合同的一种。体育冠名合同是一种授权许可的形式，符合授权许可合同的法律性质，但是与普通的品牌授权是不同的，体现在以下几个方面：

（1）双方的法律关系不同。对普通的品牌授权来讲，授权人是品牌所有者，品牌使用者是被授权人；对体育冠名赞助来讲，授权人和被授权人都是物主。物主作为授权人授权赞助商冠名权，物主也作为被授权人，是使用该冠名的人。

（2）授权性质不同。品牌授权许可授权标的是名称使用权，但被授权人不使用该授权的名称；体育冠名赞助中赞助商对事物冠名后，被赞助方必须遵照合同约定，在相应的时间和地点使用该名称。

（3）被授权人不同。授权许可有两种形式：独占许可和非独占许可。二者的区别是：第一，独占许可在相同的时间、地域内，只能授权给一方，并且进行一次授权；而非独占许可可以进行多次授权并且可以同时对多方进行授权。第二，授权许可完成后，独占许可要求授权方不能在相同的时间、地域内经营、使用该授权标的；而非独占许可允许授权方处理同一授权标的。在品牌授权中可以有多个被授权人；体育冠名赞助中，有且仅能有一个被授权人。①

由此可见，体育冠名合同不是买卖合同，而是一项授权许可合同，并具有广告合同的部分法律特征。

三、体育冠名权的行使

（一）体育冠名权的排他性

1. 体育冠名权排他性的相关案例

2002 年 12 月 12 日下午 16 时，百事可乐公司对外宣称，2003 年将退出对中国足球职业联赛的冠名赞助。造成百事可乐公司退出事件的直接原因就是百事可乐公司举办的联赛颁奖活动。因为不少奖项的获得者在原定颁奖时间正跟随国家队在国外训练比赛，缺乏大腕的颁奖活动，其影响力必然会受到影响，因此百事可乐公司希望延期举办颁奖活动，但中国足协仍然坚持如期举行不延期。百事可乐公司认为此举影响了其冠名效果，甚是不满。中国足球职业联赛对百事可乐公司等冠名赞助商利益的损害是导致百事可乐公司此次退出的真正原因。

---

① 于爱丽，孙静. 大型体育竞赛中的知识产权保护 [J]. 山东体育学院学报，2003，01：26 - 28.

让百事可乐公司更加不能忍受的是，竞争产品不断介入中国足球职业联赛，这使百事可乐公司感到颜面尽失。中国足球队的冠名赞助商可口可乐公司所受到的待遇甚至高于百事可乐公司，特别是在2002年的世界杯期间，满眼的可口可乐广告让百事可乐公司愤怒。再看看中国甲A联赛，2002年年末，健力宝公司提出接手深圳平安俱乐部，据说百事可乐公司当年曾和中国足协签订过限制性条款，不允许同类碳酸饮料生产厂家介入中国甲A联赛，而健力宝接手深圳平安队，显然将百事可乐公司置于被动的局面。当时就健力宝公司能否出现在中国甲A联赛及其队服的问题上，中国足协的态度已经让百事可乐公司非常不满。因此，种种的矛盾摩擦最终导致了百事可乐公司退出冠名赞助中国甲A联赛。

2. 体育冠名权排他性的内容

体育冠名权，在一定程度上来说实际就是广告的一种运作形式。如果冠主花巨资取得的体育冠名权几乎收不到任何宣传效果，这样就和体育冠名的初衷背道而驰，也不符合我国民法上的公平原则。体育冠名权对冠主的作用是宣传自身品牌，物主有义务保证冠主的排他性地位，这应该是体育冠名权本身所蕴含的一项内容。如果体育冠名权的冠主过多，或存在有竞争关系的企业再次冠名，就会减弱体育冠名的效果。即使存在两个甚至多个体育冠名权，最起码应该保证各个体育冠名权冠主之间不存在利益冲突和竞争关系，否则体育冠名的效果将会受到严重削弱，体育冠名权冠主的利益也会受到重大损害。

体育冠名权的排他性效力的内容主要体现在以下几个方面：第一，所谓体育冠名权的排他，即为排除冠主之外的其他任何人对冠名权益的享有及非法干涉。在体育冠名赞助中，针对某种冠名赞助，要遵循体育冠名权排他性原则。体育赛事组织者即出售冠名权的权利人就同一冠名赞助事项只能与同一行业中的一个冠名赞助商签订冠名赞助合同，保证存在竞争关系的企业不会出现在同一冠名事项中。只有这样，才能保证冠名赞助商对体育赛事享有独占性的开发权利，才能保证冠主享有最大的利益。比如在某一体育活动中，如果活动组织者与快餐连锁企业肯德基签订了体育冠名赞助合同，给予肯德基相关的体育冠名权，那么该活动组织者就不能再接受同为快餐连锁企业麦当劳的冠名赞助。这种排他性效力的目的就是将潜在的商业竞争对手完全排除在本次冠名赞助的名单之外。第二，冠主不仅可以积极行使排他性权利，还可以基于排他性的基本原则要求第三人履行特定的义务。冠主在其所享有的权利范围内，对侵害其排他性权利的行为，有要求侵权人停止妨害行为的权利。对给冠主的排他性利益造成损失时，根据不同侵害主体的决定请求赔偿损失的基础。若是组织者给冠主造成损害时，冠主可以基于违约责任或侵权责任要求赔偿；若是作为非赞助企业的第三人给冠主造成损害，冠主只能基于侵权责任要求其赔偿损失。第三，体育冠名权排他性权利的效力还体现于可诉性上。当冠主的排他性权利受到损害时，权利人可以根据体育冠名权的排他性具有可诉性的效力，通过法律程序解决争议。可以说，体育冠名权的排他性受到侵害时可以起诉到人民法院，这是法律保护冠主利益的最后一道屏障。

3. 体育冠名权排他性的适用限制

体育冠名权的排他性并不是没有任何限制的。冠主滥用体育冠名权应当受到一定的限制，如冠主利用自己的垄断地位不公平地利用冠名权、滥用市场支配地位、强制消费者购买指定产品等。

（二）体育冠名权对第三人的约束力

体育冠名权交易合同在我国《合同法》中没有明确规定，因此是一种无名合同，但从本质上看是一种比较特殊的合同。体育冠名权的实现必须依赖合同双方，同时很大程度上需要依赖第三方如新闻媒体。

根据"体育媒介说"理论，体育冠名权冠主从事体育冠名权交易的目的是为了借助体育赛事、体育设施、体育运动队、体育节目的传播性扩大其自身品牌的知名度，要实现这一目的必须依赖第三方媒体的正确报道。

1. 体育冠名权对第三人的约束力的相关案例

寰岛足球俱乐部与隆鑫集团公司于 2000 年 2 月 19 日续签了一份《赛事冠名协议书》，约定由隆鑫集团公司赞助本年度寰岛足球俱乐部所属足球队，并将其球队冠名为"重庆隆鑫足球队"，隆鑫集团公司分期支付足球赛事冠名赞助费。《赛事冠名协议书》在履行仅仅半年的时间后，寰岛足球俱乐部在当年 8 月 19 日被力帆公司收购。寰岛足球俱乐部被收购以后拒绝按照《赛事冠名协议书》的约定履行义务，因此导致众多新闻媒体在这段时间将隆鑫集团公司花费千万余元冠名赞助的"重庆隆鑫足球队"报道为"重庆力帆足球队"，在比赛场地也多次出现"重庆力帆足球队"的宣传横幅和标志，而没有"重庆隆鑫足球队"的宣传横幅或标志。所以隆鑫集团公司请求法院判令力帆公司退还隆鑫集团公司 783 万元冠名赞助费。但力帆公司辩称，冠名赞助合同双方不能为与合同不存在任何关系的第三人设定义务，虽然《赛事冠名协议书》约定寰岛足球俱乐部有义务保证国内的主要新闻媒体、报刊、网络等必须正确使用"重庆隆鑫足球队"，但《股权转让协议书》并没有要求被告为寰岛足球俱乐部履行这项义务。原告要求被告履行的行为，实质上属于为第三人设定义务的行为，是违反我国《合同法》相关规定的，该条款应属无效条款，无效条款自始至终不发生法律效力。而且新闻媒体等作为冠名合同的第三人，其行为不受冠名合同约定的控制和支配，且其行为非属被告故意歪曲，因此不受《赛事冠名协议书》的约束。

法院最终认定，根据双方《赛事冠名协议书》的约定，原寰岛足球俱乐部和力帆足球俱乐部有义务保证媒体以"重庆隆鑫足球队"的名义进行新闻报道宣传。以上法院认定实质上为该体育赛事冠名权的价值提供了品质担保。而且实际上，媒体新闻的报道宣传也正是该体育赛事冠名权的主要价值和意义所在。因此不管媒体报道是否能够被重庆力帆足球俱乐部所实际控制，如果新闻媒体报道中没有以"重庆隆鑫足球队"的名义出现，力帆公司就构成了对《赛事冠名协议书》的违约。事实上，在诸多新闻媒体将该俱乐部的球队错误报道为"重庆力帆足球队"时，力帆公司为顺利履行《赛事冠名协议书》，可以通过发布公告声明的形式，重申其队名应为"重庆隆鑫足球队"，以减少更多错误报道的出现，但实际上并没有任何证据表明力帆公司做了相关的努力。被告力帆公司关于"媒体错误报道系《赛事冠名协议书》外的第三人所为，其并未违约"的理由，不能成立。

2. 冠主直接请求刻意回避体育冠名的媒体承担侵权责任的可行性分析

从法学理论上分析，体育标识被冠名以后可以看作是冠主所享有的一种新的类似名称权的民事权利。由于事物的名称不可以被其他第三人随意篡改，所以体育冠名权的冠主也有维护自己冠名权完整性的权利，此权利应作为体育冠名权的一项内容。对体育运动队、体育赛事、体育节目、体育设施的公开冠名本身就是一种公示，受法律保护，他人不能随意侵犯。

从实践的角度来看，尽管体育冠名权交易的双方是物主和冠主，媒体新闻作为第三方，在一般情况下不能够参与到物主所实际控制的体育冠名权的交易中，但是媒体新闻的报道宣传正是体育冠名权尤其是体育赛事冠名权的主要价值和意义所在。鉴于体育冠名权的特殊性，应该赋予冠主直接请求刻意回避体育冠名的媒体承担侵权责任的权利。

四、体育冠名权的转让

(一) 体育冠名权转让可行性的不同观点

1. 可以自行转让

体育冠名权在目前没有法律明文规定禁止转让。有学者认为只要合同中没有约定禁止转让,出资获得体育冠名权的冠主在不影响第三人利益的情况下,可以随意将其体育冠名权转让给他人。

2. 限制性转让

有学者认为,国家对涉及公共利益的体育冠名权的转让价格和相关受让对象等事项保留部分控制权,涉及公共利益的部分需要经过国家相关部门的审批。如果出现公共利益的体育冠名权增值,涉及增值部分体育冠名权的所有者问题,他们认为增值部分应该收归国家所有。

3. 禁止转让

有专家学者认为在体育冠名权交易中应约定禁止对外转让。持这一观点的专家学者的理由是:首先,国内很多体育设施是国家投资建设,由此体育冠名权应属于公权利而不是私权利。其次,体育冠名的随意更换对人们的日常生活也会带来一定的麻烦,将造成社会生活秩序和经济秩序的混乱。如一个体育馆几年内三易其主,该体育场馆本来叫 AB 运动场,然后改名为 CD 中心,后来又叫 EF 体育馆,那么势必造成一定的混乱,会让对此不熟悉的人感到一头雾水。最后,多次更换体育冠名必然会产生一定的不必要的资金浪费。但是,他们认为也不应当完全禁止体育冠名权的转让,还是应该考虑一些特殊情形的,比如原体育冠名权冠主已经破产、体育冠名权冠主更改企业名称、体育冠名权冠主的营业执照被吊销等情况,更换体育冠名是应该被允许的。①

---

① 李延军,谢兰. 浅析 2008 奥运后我国体育知识产权的保护 [J]. 山东体育科技,2009,03:31-35.

（二）体育冠名权转让的可行性分析

1. 体育冠名权具有财产性质

英国的万金能源集团花费 3 亿美元获得了美国休斯顿万金体育场 32 年的体育场馆冠名权；英国曼彻斯特公司耗资上亿美元获得英国波尔顿流浪者足球俱乐部主场 5 年的体育场馆冠名权；青岛双星集团出资 200 万元人民币获得青岛市体育馆的体育场馆冠名权。尽管我国体育场馆的冠名费与外国还存在一定差距，但体育冠名蕴含的巨大经济效益是毫无疑问的。因此，体育冠名权具有财产性质。

认为体育冠名权属于公权利是因为混淆了体育冠名权与民法中命名权的性质。前文有所分析，体育冠名权的主体只是冠主，因此无论特定体育事物是公有性质还是私有性质，物主只享有对特定体育事物的命名权，在对特定体育事物的命名权尚未对外转让成为冠名权之前，体育冠名权是不存在的。只有通过体育冠名交易合同或其他交易形式体育冠名权才有可能形成。在冠名权交易的法律关系中，政府的身份是作为一般民事主体，由此可见体育冠名权实质上是一种私权利。

2. 从私法"法不禁止即自由"的角度看，体育冠名权可以转让

"法无授权不可为，法不禁止即自由"是源于十七、十八世纪西方的一句法律谚语。在卢梭的《社会契约论》、孟德斯鸠的《论法的精神》中得到相关表述与延伸。所谓的"法无授权不可为"，主要约束国家的公权力，指国家行使公权力时必须要有相关法律的授权。"法不禁止即自由"，主要是对公民私权利的保护，指公民的行为只要没有法律明文禁止就是合法的行为、就是公民可以从事的行为。公民、法人或其他组织在民事活动中，当事人在没有法律明文禁止的情况下签订的协议，只要协议内容不违反我国法律与行政法规的强制性规定，协议各方应当依照诚实信用的原则履行协议约定的内容，应当确认协

议为有效协议。在我国当前的法律体系中，并没有法律明确禁止体育冠名权的交易行为，因此，体育冠名权的转让不应该被禁止。

3. 体育冠名权和名称权具有很强的依附关系

体育冠名权来源于体育冠名权的交易或赠与，是一种继受性权利；而名称权从其来源来看，一般作为一种原生性的权利。由此看来体育冠名权是由民法中名称权概念延伸而得来。

体育冠名权是冠主根据相关合同依法取得的对特定体育事物进行命名的权利，这种权利从属于原始主体人格权中的名称设定权。作为可以直接交易对象的体育冠名权，既含有一定的财产权性质，也被赋予了一定的人格权性质。如阿里巴巴集团出资获得广州恒大足球队的体育冠名权，阿里巴巴集团所看中的，正是体育冠名权本身所能给阿里巴巴集团带来的巨大的正面新闻宣传效应，其所产生的商业价值又是一笔其他广告形式难以获得的财产。

4. 体育冠名权的转让有利于促进体育产业的发展

体育冠名权交易可以带动体育文化的繁荣与发展，并为体育文化的传播提供坚实的经济基础。通过对体育设施、体育赛事、体育运动队、体育节目的冠名，可以进一步提升企业品牌的知名度，体育冠名权交易带来了双赢局面。

近年来，随着国家有关体育政策的落实，尤其是 2014 年末国务院办公厅发布《关于加快发展体育产业促进体育消费的若干意见》，该意见提出到 2025 年我国将打造 5 万亿规模的体育市场，体育产业已经迎来了黄金发展期。相对西方发达国家而言，我国体育产业的发展相对滞后，与日益增长的消费需求还有相当距离，仍存在巨大增长空间。从我国体育产业盈利模式看，体育赛事的门票收入、体育赛事的电视转播权收入、体育冠名赞助收入、体育商品开发收入是体育产业四种主要的盈利模式。纵观国外体育市场，体育产业大部分都已经市场化经营，体育俱乐部是最常见的球队的市场化运营模式。全球最顶尖的足球俱乐部皇家马德里俱乐部一年的冠名赞助收入可达 2 亿欧元。据报道，在 2014 赛季，欧洲足球联赛冠名赞助收入高达 60 亿欧元。但中国目前主要还是以体育实物消费为主。体育冠名权的转让对促进体育产业的发展具有现实意义。

（三）体育冠名权转让费用的计算标准

1. 体育冠名权转让费用以"天数计算标准说"

"天数计算标准说"就是以冠主享有冠名权的总天数为唯一计算标准，其计算公式为：已经产生的冠名权费用 = 每日冠名权费用 × 实际冠名天数。"天数计算标准说"主要适用于体育运动设施冠名权、体育运动比赛总冠名权、体育运动节目冠名权和体育运动队的整体冠名权。此类体育冠名权的费用计算以天数为标准，更加方便计算，对双方来说更公平。如在上海东部公司诉申花俱乐部体育冠名权合同纠纷案中，法院在计算实际产生的冠名权费用时就是适用此种标准。

2. 体育冠名权转让费用以"场次计算标准说"

"场次计算标准说"是指以实际比赛场次为唯一计算标准，其计算公式为：已经产生的冠名权费用 = 每日冠名权费用 × 实际比赛场次。"场次计算标准说"主要适用于赛事安排并非很规则的体育运动队冠名权的费用计算。因为此种情形下若采取"天数计算标准说"，显然对其中一方显失公平。

3. 体育冠名权费用以"场次、天数相结合标准说"

有些比赛虽然赛事周期固定，但是赛事的质量和受关注程度却相差很多，此种赛事可能分为若干个过程，越到最后赛事会越精彩、越受到关注，其冠名的价值也就越高，在这样的比赛中按照前两种计算标准显然对冠主不利。

不同的足球赛事、不同的场次其观众人数、电视转播质量等受关注程度是不同的。2015赛季亚冠联赛对广州恒大足球队来说几乎是最重要的赛事，决赛又是2015赛季亚冠联赛中最重要的一个比赛场次，其受关注程度显而易见。若根据上述前两种标准计算已经产生的体育冠名权费用明显对东风日产公司不利，甚至有报道分析称，广州恒大足球队违约成本低是造成此事件的主要原因。在这种情形下应该充分考虑双方冠名权交易的目的及最终决赛对东风日产公司的价值。

五、体育冠名权的法律保护

随着我国社会经济的快速发展，尤其是北京成功申办奥运会和成功加入WTO后，我国体育产业有了飞速的发展。我国人口众多，有着庞大的市场消费人群，我国体育冠名交易有着广泛的市场和巨大的经济利润，越来越多的国内外企业注意到了体育冠名的商业价值，体育冠名权经营是我国体育产业的一项重要内容。通过体育冠名，依赖体育赛事固有的广告优势和带来的广告效益，国内外赞助商取得了巨大的经济利益。通过体育冠名的方式，体育组织和冠名赞助商都得了各自所需，实现了双方的利益。

然而，在体育冠名权的运用过程中，也出现了一些体育冠名权纠纷案件，如前文提到的"恒大球衣换名案"。由于缺乏必要的立法基础，导致案件难以依照立法下定论，更激化了双方的矛盾。为了保护体育冠名权的合法权益，促进双方的积极合作，促进我国体育产业的有序发展，我国立法机关需要及时给以充分的立法保护和约束。

（一）明确体育冠名权的概念及法律地位

体育冠名权是企业通过赞助合同的方式，获得对载体冠名的权利，实质上是企业名称权的扩展，扩大了其业务或产品名称所依附的载体，理当受到一般名称权的保护和约束。目前，我国《民法通则》《反不正当竞争法》等法律对名称权的保护作了相关界定。

企业存在的基本条件即是企业名称的经营，企业名称可以带来良好的企业信誉。《民法通则》从保护一般人格权的角度保护企业名称权的。我国《民法通则》第99条规定了名称权的主体及内容，第120条规定了名称权的救济。《民法通则》规定当企业名称权受到侵犯时，企业有权要求停止对其名称权的侵权，并且消除因名称权的非法使用带来的对声誉的负面影响，严重时可以要求赔偿。企业法从行政管理的角度来保护企业名称权，对于企业名称权的授予、保护进行了详细规定。企业法中对于名称权的保护主要体现在《中华人民共和国企业法人登记管理条例实施细则》和《企业名称登记管理规定》中。《企业名称登记管理规定》第3条规定了企业名称在申请注册时须经注册机构批准，注册批准后在规定范围内享有专用权。第6条规定了企业只能使用一个名称，并且不可以与注册机构管辖范围内相同行业内企业的名称相同或相似。第7条具体规定了企业名称的构成要素及要求。第27条具体规定了侵犯他人企业名称专用权的法律责任。《反不正当竞争法》是从防止侵犯企业名称权的角度来保护企业名称权的，将侵犯企业名称权的行为定义为不正当竞争行为。《反不正当竞争法》第6条第1款第（二）项规定未经授权使用企业名称，引人误认为是他人商品的行为是不正当竞争行为。

不过，体育冠名权与企业名称权有不同之处。冠名权的特殊性表现在公共事件的聚焦性等方面，而针对体育冠名权的一般保护规则在调整和保护冠名权方面仍然具有局限性。冠名权作为随着体育产业繁荣发展兴起的一项新民事权利，从法理的角度可以看作名称权的扩张，但这种看法在我们的法律中并没有得到明确承认。① 虽然《体育法》第 42 条或多或少涵盖了冠名权的范畴，但它只是一个笼统的原则规定，而不是具体的规则。在这方面，我们可以采用民法的相关司法解释，将体育冠名权的名称延伸其中，并且确定体育冠名权的定义。体育冠名权可以定义为指自然人、法人和其他组织作为相关体育单位的赞助者提供资金支持或者其他形式的资助，以获得属于赞助商的体育场地、运动队或者体育赛事的特有名称设定权，和其他被冠名体育事物的使用权利及附加权利。《体育法》应该通过司法解释明确体育冠名权及其概念，以此与民法遥相呼应。

（二）完善体育冠名权的法律保护规则

体育产业在中国经历了数百年的发展，正处于蓬勃发展期，体育冠名权已融入体育产业成为一个重要部分，并且极大地推动了体育产业的发展。在这种情况下，体育冠名权迫切需要一个明确的法律定位，同时需要相关的法律对其进行规范与保护。名称权在中国法律制度中比较成熟，保护规则也较为完善，冠名权一定意义上属于名称权的扩展，可以受到名称权相关法律的保护。不过冠名权与名称权又存在不同之处，它有自己独特的属性，因此一般的名称权保护规则只可以为体育冠名权提供间接保护，直接保护还需要配置一套独特的规则。

体育冠名权的独特属性，使它很容易受到两个方面的侵害：一个是来自新闻媒体；另一个是来自权利的所有者。企业和商家冠名体育运动项目或者运动队，成为扩大品牌影响力、吸引大众眼球的有效商业手段。而体育运动本身受到广大体育爱好者的关注，媒体自然也不会放过这个赚取收视率的好机会，在积极、全面报道体育赛事，深入挖掘体育赛事的周边新闻，博取观众的关注的同时，扩大频道影响力，

---

① 刘建军. 体育冠名权的法理定性 [J]. 法制与社会，2008（13）：42.

提升媒体自身价值，最大限度地体现体育的商业价值。如果新闻媒体在报道时任意截断冠名名称，体育冠名的商业效果大打折扣，这是对体育运动的头衔赞助商的权利的严重侵犯。① 目前，中国相关的体育法律法规没有规定新闻媒体在体育宣传和报道方面的权利和义务，导致新闻报道截断冠名名称的事件层出不穷。在这方面，国家体育总局和国家新闻出版广电总局可以联合制定特别的规章制度，明确新闻媒体关于报道体育赛事的权利义务和法律责任。另外，体育主办方应该恪守体育冠名协议，协调与媒体的关系，保护体育运动赞助商的合法权益。

体育冠名权可能受到来自新闻媒体与权利的所有者的侵害，两者相比较，权利的所有者的侵权行为可能更加容易产生。体育冠名权来自于权利所有者的权利转让或授予，被授权标的即冠名权载体本身并不受到授权者的控制。根据法律基本原则分析，被授权人享有的权利是根据合同约定的债权，它本身是一种请求权。请求权的内容是被授权人享有要求授权人按照合同约定履行约定义务和承担相应责任的权利。在某种特定情况下，当授权人的违约行为产生的收益远大于违约成本时，授权者可能完全不顾合同约定以及被授权者的权益从事违约行为。前文例举的"恒大球衣换名案"就是一个代表，在亚冠决赛这一重大赛事举办时，由于广州恒大足球队方面对自己利益的抉择，认为"恒大人寿"所带来的广告效应远远大于对冠名商东风日产公司的违约成本，因此未经冠名商同意，擅自把原来东风日产公司的球衣广告换成了"恒大人寿"。当前，体育界关于冠名权的争议和纠纷主要依靠合同法解决。主办方和冠名商事先一般会签订冠名合同，约定相关的义务和责任，主办方产生违约行为后，要承担对冠名商方面带来的经济损失和名誉损失，冠名商可以依法举证对方的违约凭证，法律

---

① 　郭彬. 我国体育冠名权保护的法律现状及立法建议［J］. 研究生法学, 2006（2）: 77 – 81.

裁决也需要以冠名商提供的证据作为判决依据，甚至合同中未明确说明的事项，合同法一般原则依旧是适用的。这无疑有利于保护冠名方的合法权益。①

主办方的违约行为，使冠名方的权利受到了比较大的侵害。同时我们也应该看到，由于体育冠名权的公共性质，主办方的违约行为不仅会对冠名方带来经济和名誉上的损失，而且也影响到社会利益。前文提到的"恒大球衣换名案"中，广州恒大足球队作为体育行业的领导者，在亚冠决赛这种重点赛事中公然违约，不仅违反了冠名合同，侵害了东风日产公司的利益，对自己的名誉也造成了相当大的损害，并将商业社会基本的契约精神抛之脑后，更是对社会公平的基本精神进行公然挑战。东风日产公司的损失可以根据《合同法》进行补救，但对于社会造成社会公平、契约精神的损害赔偿，不仅需要公法干预，而且需要确定损害赔偿的标准。在这方面，《体育法》第42条详细规定了国家鼓励个人和组织对体育事业的赞助，并给予特别保护。针对体育冠名权的恶意违约，造成严重的社会影响的，应该运用公法处罚违约方，除了约定的经济赔偿之外，还要做出公开道歉，以消除恶意违约给社会带来的负面影响；对于国有单位的违约行为，应该以行政手段处罚事件直接关系人或者负责人。在依法治国早已成为我国的基本国策和我国法律体系逐渐健全的前提下，体育产业的规范化发展无法抛弃基本的诚实守信和社会契约精神。

（三）加强体育冠名权合同法律保护

《体育法》对体育竞赛相关的知识产权进行了界定和保护，但没有对体育冠名权做出明确规定和保护。一些媒体有意或无意忽略体育赛名、俱乐部名称和其他头衔，引起不必要的纠纷。2005年1月

---

① 邓春林，论体育冠名合同的性质及法律保护 [J]. 北京体育大学学报，2005，28（8）：1020－1022.

10 日，国家体育总局下发《关于第十届全国运动会冠名、着装广告等有关规定的通知》，对参赛队伍明确规定冠名权，这是运动会史上第一次明确冠名权，并允许冠名权在运动会上使用，这可谓是一项重大突破。冠名权在很大意义上促进了体育赞助在体育界的运用，对扩大筹集体育运营资金渠道有着积极的意义，进一步探索了体育的商业价值。然而，在赞助商花金钱和精力冠名赞助之后，冠名的名称是否将会被媒体截断，依然是一个未解决的法律问题。

近年来，体育赞助成为中国体育运动经营管理资金的主要来源之一。《合同法》分则的合同类型中，没有涵盖体育冠名合同，从买卖合同、赠与合同到租赁合同等 15 项合同，没有对体育冠名具体的事项进行规定。而总则中仅仅笼统规定合同的权利和义务，无法为解决冠名权争议和纠纷提供详细的法律依据。这个问题，可以从以下两个方面进行改进。①

1. 出台相关管理条例、规章，为保护冠名活动提供依据

《合同法》第 123 条规定："其他法律对合同另有规定的，依照其规定。"这里所说的其他法律，不仅包括了全国人民代表大会与常务委员会通过的各项法律，也包括了国务院和其它部门制定的行政法规。结合我国的实际情况，在体育相关立法滞后和正处空窗期的情况下，可以先由国务院制定有关行政法规，国家体育总局和国家市场监督管理总局等有关部门根据国务院制定的行政法律，提出具体的行政管理办法，保护和规范体育冠名活动，这有利于缓解近年来逐渐增多的体育冠名权纠纷矛盾。

2. 加强无形资产法律保护

体育资产是一种无形资产，体育冠名权也是一种无形资产。对体

---

① 赵是瞻. 体育知识产权保护［D］. 湘潭大学，2008.

育无形资产的保护尤为重要，仅仅依靠《合同法》和《体育法》无法应对今后快速发展的体育市场，还需要加强体育无形资产法律保护制度的建设。关于无形资产保护法律法规体系，目前由三个层次组成。上述法律法规体系的主要内容，应增加以下规定：

（1）法律层面。民商法的基本法是《民法总则》，《民法总则》规定了民事生活的基本原则、公民和法人的民事权利和责任。《体育法》是体育产业最根本的法律依据，国家鼓励、支持对传统体育的挖掘和利用，支持建设体育无形资产。《体育法》第42条提出"国家鼓励企业事业组织和社会团体自筹资金发展体育事业，鼓励组织和个人对体育事业的捐赠和赞助"。实际上，体育事业的定义较泛，鼓励停留在法律层面没有以实际政策支持企事业组织和社会团体来真心实意支持体育事业。《合同法》是处理民事关系的专项法律，其中《合同法》规定了关于"转移标的物的所有权"的买卖合同法律条款，对于保护体育冠名权的内容并无提及，应该在买卖合同交易中增加除了转移标的物的所有权外的其他保护规定。

（2）完善与体育无形资产有关的行政规章制度。一些对体育商标、吉祥物、徽记等标志、图形、实物进行保护的特殊制度，比如《关于加强体育市场管理的通知》，也是体育无形资产保护法律法规体系的重要组成部分。法律制度体系中涉及体育的具体内容应进行调整，明确体育冠名权交易的主体和客体，规范体育冠名权交易行为，严格查处权利交易中的违规事件。

（3）细化体育主管部门相关的体育管理规范。体育主管部门的规章制度主要是根据法律和行政规章制度而制定，对具体的管理事项进行细化，制定可行的细则。在规定中，国家财政部、国家体育总局和国家广播电视总局（或共同）应制定体育竞赛名称、标志、吉祥物和体育组织名称、标志注册以及使用管理措施的保护规定；制定体育市场赞助管理办法、体育场地管理和体育电视广播管理规定；制定冠名权交易活动的具体规定和相关管理规定。

六、小结

体育冠名权是体育赞助的主要形式。体育冠名权是一项具有公共财产性质的私人权利，涉及体育相关事物的冠名，由于它具有公共属性，注定应受到公共法律的监管和保护。我国法律暂时没有规定体育冠名权的条款，冠名合同既不是买卖合同，也不是商业广告合同，而是授权许可合同。我国在解决体育冠名权纠纷案件时有很大困难，究其原因就是知识产权保护的执法力度不够，违法成本较低，冠名权易受到新闻媒体的侵害，更易受到来自于物主的侵害，缺乏充分的立法保护和约束，需要针对体育冠名权的独特属性配置一套直接的保护规则。

第五章

我国体育非专利技术知识产权保护问题

　　比赛是体育赛事最基本的表现。而提高运动员积极性的竞争则是比赛中不可缺少的元素。没有竞争的比赛是寡然无味的，不仅运动员无法在比赛中不断创新、超越自我，观众逐渐也会对千篇一律的比赛失去兴趣，进而造成商业赞助的减少，最终产生一系列的经济问题。

　　在比赛中取得胜利，需要运动员进行辛苦的努力，加上教练员和其他科研人员智慧的结晶。体育领域有着其特有的技术，比如体育竞技的战术策略、动作安排，甚至运动员的营养恢复等也有其技巧和方法。这些技巧和方法，正是教练员通过无数次的训练和比赛进行总结分析，并大胆尝试创新的结果。对这些技巧和方法的掌握程度，关系到运动员是否能够在体育比赛中取得胜利。我国的足球发展缓慢，为了缓解我们足球的颓废趋势，我国花费大量资金从国外引入了大量球员，一方面带动我国足球的发展，另一方面，也有利于足球队员之间的相互交流和学习，对我国足球产业的发展有着非常积极的作用。2008 年北京奥运会上，我国取得了不错的成绩，这离不开运动员、教练员和科研人员的辛勤付出，同时也是我国引入国外教练来华执教的结果。据统计，2008 年北京奥运会，我国共有 17 个项目聘请国外教练执教。在引入国外教练和运动员的同时，我们也有不少教练和运动员走出去，如今越来越多的国内知名教练到国外执教，也有一些运动员到国外去，如游泳等项目，进行高水平训练，学习国外先进的培养模式和训练方法。由此可见，先进的体育技术在体育产业中发挥着重要的作用，将这些先进的体育技术纳入到正常的体育运动轨道中，需要在道德和法律层面完善管理规则。体育赛事中涌现出来的体育专有技术，凝结了教练员、运动员等人的辛勤劳动。目前，学术界和法律界仍然不能确切定义这些专有技术的性质，无法确定这些专有技术是否受到我国知识产权法的保护。本章是对体育非专利技术知识产权保护的研究，在对体育非专利技术的概念和主要形式分析的基础上，通过对其法律性质的分析，完善对其的保护措施。①

一、非专利技术的概念

非专利技术又称专有技术，是指那些不被外界所知、而且已经在生产经营中实现了，能够带来一定经济效益的技术手段及知识，它包括工业、商业、管理等方面的非专利技术。非专利技术与专利权的不同之处在于：非专利技术不需要在机关进行登记和注册备案，是依据特殊保密措施进行技术垄断的方式。所以，非专利技术没有受到法律层面的保护，同时它也没有有效时限。在技术没有外泄的前提下，非专利技术可以继续使用，或者依法进行有偿转让。

到目前为止，非专利技术这一名词还没有在国际社会得到统一的认定。在我国，也还没有立法对非专利技术进行明确界定，目前也只有在工程技术、管理等方面做出了一些规定。国际上最早提到非专利技术是在《发展中国家发明样板法》，其定义了非专利技术是指有关制造工艺，以及产业技术的使用及知识。《现代经济法辞典》中定义非专利技术，是指有一定价值的，可利用、未被公众所知，可以转让

---

① 何丽苹. 北京奥运会奥林匹克知识产权的保护研究 [D]. 武汉体育学院，2009.

或传授而未取得专利权的技术知识、技术情报、经验、方法或其组合。我国对非专利技术的界定有文献可查的，是《中华人民共和国技术引进合同管理条例》和《中华人民共和国反不正当竞争法》。从以上零散的、无统一的国际约定和国内法律法规看，非专利技术是保密性很强，但在相关机构没有取得法律身份的一种技术行为。鉴于没有法律保护，非专利技术所有者只能通过加强技术管理过程中的保密措施和保护手段来维持他对非专利技术的专属权。如果技术被泄露，非专利技术的商业价值也不复存在。

二、体育非专利技术的概念

体育非专利技术是在长年的体育运动过程中，积累出的具有一定技巧性的技术，有助于帮助运动员在比赛中取得胜利，有助于体育管理者更好地经营，这些非专利技术都是严格保密的，是运动员、教练员等科研工作者智慧的结晶，能够为运动员、教练员带来荣誉，为组织者带来经济利益。它包括各种运动技术动作创新、编排，体育训练规范、方法和作业流程，运动员的选择和培养，体育技术资料、图纸、数据，运动评测手段和方法，体育营养配方、体育食品制作方法，运动医疗技术和手段等。

鲍明晓第一次在体育界提出"体育非专利技术"这一名词，他在《关于体育无形资产的几个理论问题》中提出，体育非专利技术是一种无形的资产，促进了体育产业的发展，但是并没有法律法规对体育专有技术进行定义和界定。鲍明晓抛出了体育非专利技术这一名词，但没有对它进行深度研究。之后，张厚福是我国第一位对体育非专利技术进行系统研究的学者，他在论述中认为，体育运动其实创新了非常多的非专利技术，体育非专利技术是跟其他非专利技术不一样的，它既是特有的技术，又普遍存在于体育运动中，但却不受专利法、国家安全法、其他技术保密条例等法律法规保护。马法超等人提出体育非专利技术可以给体育运动的个人和组织带来实际利益，它可以是技术、知识、方法或者经验中的任何一种，技术的掌握者自行采取保密手段，保护体育非专利技术不被外界所知。

（一）体育运动技能与方法

体育运动中包含了很多技能和技巧，技术动作的编排和创新有非常重要的作用。技术动作的编排和创新能够使参赛者的成绩得到提升，同时提高体育竞技的难度和观赏度，赋予体育动作竞赛性和艺术性。一套优质的运动技术动作编排和创新不完全是单个动作的简单叠加，还组合多种难度的技术动作，并且按照一定的规律和韵律进行编排，使最终展示在评委和观众面前的不仅仅是一项体育运动，更是对于该项运动的升华和创新。这种创新也可以在多种场合复制表演。结合竞赛者及教练对于运动技术动作的精心编排和创新方案，融合运动员的优美动作，最后通过参赛者在竞技场上的优雅技术动作展现，充分体现艺术美，从而给予评委和观众艺术美感。运动技术动作编排和创新主要运用在单人体操、团体操、艺术体操、花样游泳等体育项目中。

运动员在体育运动中经常进行大规模、超负荷训练，长时间的训练容易导致运动员身体劳损甚至受到不可逆转的伤害。体育运动技能的训练方法和恢复手段就是为了减少和尽快恢复运动员在训练过程中受到的伤害。这些方法结合运动员自身特点，运用符合体育运动项目科学发展潮流的先进方法，改进运动员原有的训练方式，采用科学合理的恢复手段，提升训练效果，从而提高运动员的竞赛成绩。体育运动发展已经有几百年历史，而随着国际型体育竞技的不断发展，体育"间谍"应运而生，他们在大型赛事特别是国际型体育竞技中，暗地搜集竞争对手的训练方法及恢复手段，为自己的运动员提供改良训练的信息。

（二）体育运动员培养

运动员是体育比赛的主体，运动员竞技水平的高低决定了体育赛事的激烈程度，影响体育产业的发展，最终会给国家经济带来重大影响。因此，优秀运动员的培养至关重要，运动员的选拔对于培养一个优秀的运动员来说是必不可少的。运动员的选拔往往是由教练完成的，教练员凭借其丰富的社会阅历和对体育技术的独到见解，挑选出适合某项运动项目的运动员，这是对一个优秀教练经验、选材能力的考验。往往一个高水平的优秀运动员，在成长初期就体现出一定的运动天赋，被教练员选中后，配合科学的训练方法，可达到事半功倍的效果。当今世界经济体育运动日益发展，随着对运动水平要求的不断提升，运动生理学、人体科学的不断发展，运动员的选拔标准也渐渐朝科学化方向发展。正常人的生理发育受到大量外界因素的限制，因此，运动员的选拔模式难以固定，很多教练员依靠自身的经验来判断一个运动员是否天赋异禀。所以，运动员的选拔标准和选拔方式成为一个优秀教练员不可缺少的能力。

（三）体育运动秘密

体育运动作为一项竞技比赛，是运动员、教练员、组织者集体智慧的结晶，这些智慧可以体现在两个方面：体育经营和体育技术。为了在比赛中取得胜利，参赛者往往融入了很多独到的方式，成为自己的秘密，不被其他人发现。

体育经营秘密是没有公之于众的体育经营信息，这些信息或者资料可以保障管理部门和运动员在体育运动中保持领先地位。体育经营秘密作为体育非专利技术的一种，从广义上来说一般包括技术方面和商业方面的秘密，落实到经营过程中的各项环节，体育经营秘密涵盖了体育生产、管理、经营机构的组织结构、经营管理、财务管理、质量控制管理、体育运动竞赛管理、发展战略管理等事项。体育管理在体育运动中也是不可或缺的。好的体育管理可以领导参赛队伍不断壮大，使其积极向上发展，这是体育产业中一种无形的资产，只有通过长时间的积累和尝试才能熟练运用。在体育产业的发展历程中，体育竞技团体和组织的成功运营，需要丰富的体育管理经验，需要运动员、教练和管理者投入大量的精力和财力。因此，无形的体育技术资产具有一定商业价值。

体育技术秘密是指经过长时间的研究总结，得出的对技术动作的编排和创新等技能，其传播的载体可以是书面资料等有形资料，也可以是口头语言、训练方式等无形资料。人们可以通过有形的图纸和无形的语言等载体，获得体育技术秘密。

（四）体育运动评测方式

良好的体育运动成绩评测方式，有利于发现运动员的不足，将运动员的训练聚焦在某个方向，突破自身运动瓶颈，创造更好的成绩。

相比身体素质，心理素质的培养也越来越受到人们的关注。一名出色的运动员一定具有强大的心理素质，临危而不乱，喜怒不形于色。通过对运动员心理的评测，可以及时发现运动员的心理变化，避免一些悲观因素或者不和谐因素产生，同时有利于强化运动员的心理素质。

体育运动评测方式，需要科学地运用科技前沿的新理论、新技术，形成一套成熟的测评机制。在体育运动的评测统计等方面，涵盖对运动员成绩和训练强度的评测、个人心理素质的评测、运动技能评测等。

（五）饮食营养配方

运动员的饮食营养配方是指在符合国际体育组织规定的范围内，且能够保障运动员的身体健康的前提下，采用合法的药物和合理的饮食，达到提高运动员身体机能的目的，饮食营养配方包括新型的饮食、运动功能饮料等。

（六）运动医疗技术和方法

运动医疗技术和方法包括医学方面的治疗性手段和日常方面的练习手段两种。第一种是对运动员在运动过程中的劳损、伤害的预防或治疗；第二种是用运动训练的方式治疗和恢复运动员受到的伤害，主要方式有肌肉练习、关节活动练习等。

（七）传统民族体育项目

世界上每个民族都有自己传统的体育项目，在长时间的生活实践中诞生了适应当地习俗的传统民族体育项目，这些项目得到规模性发展，它们都具有自己特点，是传统民族文化的瑰宝，普遍具有强身健体的作用。传统民族体育项目融合了当地人民的脑力劳动和民族特色、宗教特色、民族文化等，属于传统文化的结晶，更是世界体育文化的重要组成部分，同时也是体育非专利技术的来源。①

三、体育非专利技术的主要形式

（一）关键的技术动作

体育运动由一系列动作组成，体育运动中关键的技术动作是指能够将体育运动的动作难度系数提高，或者增加动作技巧等方式，从而提高运动员的成绩。

动作难度系数可以表明运动员的动作难易程度。以跳水比赛为例，目前在国际跳水比赛中，共有 87 个不同的跳水动作，5 个裁判员评分后，去掉一个最高分，去掉一个最低分，剩下三个为有效分，运动员的总分即是有效分的总和乘以动作难度系数。可见难度系数越大，运动员得分可能越高。但是难度系数是个双刃剑，难度系数越大，运动员的失误可能就越多。3 米板跳水中，向前翻腾两周半、转体三周、

---

① 金先军. 论我国体育知识产权法律保护制度的构建 ［D］. 延边大学，2009.

反身翻腾两周半、转体两周半，如果运动员可以将这套动作熟练运用，一定可以取得很好的成绩。

（二）整套技术动作

整套技术动作是指使用重新编排的方式，将简单的动作进行组合和创新，创造出一套全新的技术动作。这要求每位运动员在比赛中使用的技术动作都是不相同的，比如自由体操、花样滑冰等比赛。通过对动作的重新编排，设计出更符合运动员自身身体素质，同时兼具优美和难度的一套全新的动作。

（三）运动竞赛的战术

运动竞赛的战术是指运动员在比赛过程中采取战略战术，形成互补，以发挥团队的最大力量。在2016年里约奥运会中，中华台北队举重选手智胜大陆选手获得冠军，即是运用战术获胜的典型案例。

（四）运动员的选材技术

运动员的选材技术是指教练员分析评判、预计运动员的发展潜力，每项体育运动都对运动员有不同的要求。教练员根据自身丰富的体育经验和专业的体育知识，判断、挑选在身体素质和心理素质上最适合某项体育运动的运动员，当然也会面临失败的风险。教练员在长期的体育运动实践中积累出的选拔运动员的技术和方法，对于今后在运动员的选材方面具有良好的借鉴作用。目前，运动员科学的选材技术包括运动员父母基因检测、运动员身高预计、心理素质评测技术，等等。

（五）运动员的训练管理技术

运动员的训练管理技术是指教练员以科学、适宜为基本原则，采用有效的训练方法和管理手段，以提高运动员的竞技水平和竞赛成绩。每项体育运动对运动员的要求不同，这要求教练员能够深刻熟悉自己学员的个体状况，从而总结摸索出合适的训练管理技术，因材施教，充分发挥运动员的潜能。

（六）运动医疗技术

当前，运动医疗技术可以分为身体医疗和心理医疗。运动员在长期的运动训练中，难免出现身体受伤和身体疲惫的情况，良好的运动医疗技术可以及时地治疗运动员伤病，使其更快更好地恢复，重新投入到体育训练中来。当运动员出现身体疲惫情况时，通过针灸、按摩等技术可以缓解运动员的疲劳。

心理医疗在近年来备受关注。随着运动员的身体和心理的不断成熟，如何更好地关爱运动员，使其更好地发展是至关重要的。可以说，心理治疗的效果，将会影响到运动员的整个运动生涯。

（七）运动竞赛的裁判规则设计技术

每一个完整的运动项目都有一系列规范存在，这些规范包括运动项目的场地规格与设计、比赛资格评审、器材标准、技术规范、比赛规则、裁判规则、参赛技术、道德规范等。

（八）运动会的编排技术

运动会竞赛，如众所周知的奥运会、世界杯、世锦赛等世界级规模的运动赛事，他们的编排计划是一个系统化的工程。专业技术人员经过多年的经验积累和总结，才能形成今天完善的编排技术。这既是体育运动管理人员智慧与经验的结晶，也为后人留下一幅幅完美的体育作品。

（九）反不正当竞争技术

反不正当竞争技术保证了赛事的公平公正。赛事的组织方采用高科技手段和技术，检测运动员是否违反比赛规定，严厉查处比赛中的弄虚作假和服用违禁药品的行为，维护体育运动的公平进行。目前，常用的检测手段是尿液检测。

四、体育非专利技术的主体

（一）公民

体育非专利技术是由个人凭借经验或其他方式创新或总结出来的。比如教练员、运动员、体育运动管理人员和科研人员，他们编制出核心动作、成套动作、选拔技术等。

（二）非法人组织

一些体育非专利技术不是由一个人总结的，而是由多人或者团队一起研究发明出来，包括教练员、运动员、管理员等。非专利技术是在集思广益中产生，属于集体的智慧，它的主体归属于集体，只不过这种集体没有法定的组织结构，我们称之为非法人组织。

（三）法人

目前我国存在的体育运动专业管理、运营机构有体工队、俱乐部、体育团体等具有法人资格的组织，这些组织的体育非专利技术归属权不在于个人，而是他们所在的法人组织。

（四）政府组织

对于一些重大的体育项目，比如奥运会攻关项目等，国家体育中心或者地方政府体育部门会进行公开招标，并提供一定的体育经费，研究得到的一些体育非专利技术，这类技术的主体是政府组织。

五、体育非专利技术的特点

体育非专利技术具有与其他领域非专利技术所不同的特点，同时也是非专利技术在体育运动行业的具体表现。本书从价值特性、非专利性、保密性、实用性四个方面论述体育非专利技术的主要特点。

（一）价值性

体育非专利技术是在体育运动中形成的具备实用或者商用价值的技术、知识、经验。具备相当的价值特性是体育非专利技术区别于常规技术的重要特征。与其他领域的非专利技术相比较，体育非专利技术的价值特性并不是非常突出。原因在于其他领域的非专利技术一般是通过明码标价的转让方式实现技术的使用权，体育非专利技术并非通过付费实现价值。

（二）非专利性

体育非专利技术顾名思义具有非专利性。与非专利技术相对的、受到法律严格保护的专利技术不仅只是在限定范围内公开，而且具有明确的归属权。非专利技术由技术所有人自行采取保密手段，以保证非专利技术上的竞争优势，普通群众很难知晓其中奥妙。由于体育运动的主要目标是取得更好的运动成绩和排名，权衡经济价值和名誉价值，技术所有人会倾向于名誉价值。因此，体育非专利技术的所有人一般情况下并不会对自己总结出的成果申请技术专利，而是从主观意识上采取保密技术；保证成果不外泄。

（三）保密性

体育非专利技术的价值性、非专利性决定了如果该项技术公之于众或被竞争对手窃取，它的价值性也就消失了，而且这种行为无法受到法律的保护。所以说保密性是体育非专利技术最主要的特征，同时也是技术能够发挥其最大价值的基础，因此体育非专利技术对技术所有人的保密性要求特别高。在体育竞技中，这些非专利技术往往在比赛中才逐步展露出来，在比赛取得胜利之后，才将运动员的训练技巧和战术计划公之于众，在赛前这些信息都是绝对保密的，以保证这些技术不被竞争对手取得，从而破坏已有的作战计划。在一些大型比赛前期，甚至会爆出一些虚假信息来迷惑竞争对手，打乱竞争对手的训练计划。

（四）实用性

体育非专利技术是在实践中产生，它具备很强的实用价值，可以用来改善和完善体育训练，体育产业生产、经营和管理模式等，并且具有可传递性，其商业价值决定了其可以通过一些有偿交易进行转让。如果不能够运用到体育行业的实际操作中，那也不能称之为体育非专利技术。但是，如果体育非专利技术没有以实际形成的效果体现出来，是得不到法律保护的，比如健身操达不到健身效果、技巧和方法不能提高运动员的比赛成绩、体育产品无法发挥优质的效果或取得良好的经济效益。体育非专利技术的实用性是鉴定该项技术是否有用的一项重要指标。[①]

六、体育非专利技术的法律属性

体育非专利技术在我国体育产业的发展中起到了非常重要的作用。它是知识产权的一种，这一点本是无可厚非的，但是知识产权没有体育这一类别，它究竟是哪一种类型的知识产权，仍然存在着诸多质疑，因此无法得到我国立法的充分保护。我国领先世界的乒乓球技术，屡战屡胜，长久不衰，究其缘由就是我国乒乓球教练和运动员不断探索、创新乒乓球技术和战术，并加以不间断的科学演练。我国排球、体操、游泳等体育项目也在奥运会多次荣获冠军，这些都凝聚了大量的运动训练方法、运动饮食、运动的恢复等体育非专利技术成果。每一项新的体育非专利技术，都凝聚了运动员、教练员和科研人员汗水、智慧和知识，他们在前人的基础上去伪存真，依据体育运动的规则和不断变化的外界环境，配合运动员的个体差异，再进行创新和设计。

---

① 涂丛英. 体育科研档案管理与知识产权保护探析［J］. 武汉体育学院学报，2006，06：29 – 32.

我国学者经过深入研究，得出普遍的结论：体育非专利技术不受《著作权法》和《专利法》的保护，受到《反不正当竞争法》的保护。但是这也只是理论研究的结果，需要我国立法机关在立法上予以界定。

（一）体育非专利技术不受《著作权法》保护

在我国，《著作权法》是对文学、艺术和科学作品作者的著作权，以及与著作权有关的权益的保护。《著作权法》是否可以保护体育非专利技术，目前我国学者主要有三种观点。法学家的普遍想法是体育非专利技术不受《著作权法》保护。吴汉东、王迁认为现代体育比赛表演不是《著作权法》中的作品类型，他们定义的作品中的表演者把运动员、魔术师等公开表演者剔除在外了。《著作权法》定义的不仅仅是以上方面创作性的表达，还需要具有一定的思想深度。体育运动表现的是运动技巧与力量，而不是文学、艺术、科学的美感和作品，因此不管这种表演是不是创新创作的，都不受到《著作权法》的保护。这也是法学家的普遍想法。然而张厚福等人认为体育运动属于《著作权法》定义的作品类型，应当受到保护。他们认为体育赛事是运动员、教练员和组织者辛勤劳动的成果，一场精彩的赛事是这些人智慧的结晶，一些与表演和编排有关的体育竞技表演普遍具备独创性、可复制等特点，也可以归属到《著作权法》保护范畴。唐卫东、于善旭等人认为，体育比赛中的一些项目如戏剧、舞蹈、杂技等与《著作权法》规定的对象类似，可以受到《著作权法》的保护。他们列出了一些富有艺术特色的项目，例如艺术体操，花样游泳等，这些应当受到《著作权法》的保护。但跳高、铁饼、田径等有明确判断成绩标准的项目，且没有艺术的特性，《著作权法》不对其进行保护。

国际上，国际公约对知识产权列举了详细的类别，其中并没有涉及有关体育竞赛的内容。但"邻接权"是指表演者展现文学和艺术作品的有限权利。随着体育产业的发展，"表演者"的内涵逐渐扩大，一些发达国家主动将体育项目加入到表演中来，例如《巴西著作权法》将酒吧体育运动等比赛活动，加入到与表演一样受到著作权法保护的对象里。

现在我国《著作权法》规定的九类作品中，仍然没有体育竞赛表演，一些体育专家呼吁要将体育竞赛表演纳入《著作权法》中来，但是国家立法机关目前还没有采纳他们的建议。除此之外，体育运动动作的创新与编排能否形成作品，关键在于动作和技术上是不是结合了创作者的智慧，如果它只是将已经创建的运动作一个简单的排列，那么毋庸置疑它肯定不是一个作品。一般来说，体育运动编排主要体现在具有一定美感的体育项目中，比如武术、体操、跳水、花样滑冰、体育舞蹈等。

（二）体育非专利技术不受《专利法》保护

随着科技的发展，科学研究被广泛应用于体育运动领域，体育方面的专利也在慢慢增加，它们以各种产品形式存在，不仅有发明专利，而且有实用新型和外观设计专利。许多体育发明已获得专利保护，如运动器材和体育器材、运动设施等。同时，在体育教学领域，作为教学核心的体育技术、创新运动、竞赛战略、体育测试方法、成套动作编排以及创作是否应纳入《专利法》保护，也引起了学者的关注，并进行了热烈地讨论。

有学者认为《专利法》只能保护可以生产某些产品的技术信息，但是体育运动技术信息是不能生产出产品的，因此体育运动技术信息是不受到《专利法》保护的。还有些学者认为应将一些体育技术，作为专利进行保护。刘强等人认为，体育运动可以引进专利法保护。他们认为，体育运动有专利法保护对象所具备的新颖性、创造性和实用性，可以受到专利法的保护。然而体育运动的目的是促进身体的健康，授予体育运动技术专利，会严重阻碍体育运动的发展。体育运动中的先进技术、健身技巧、训练和恢复方法，是值得向大众推广的，体育运动应当是全民的，如果将这些技术信息纳入《专利法》的保护，公众就不能自由地交流体育技术，以达到互相学习，互相促进的目的，这是非常不利于体育产业的发展的。

体育运动相关技术如果要获得专利权保护成为体育发明，根据《专利法》的规定，需要满足以下三点要求：首先，体育运动技术具有一定的创新性；其次，与自然规律相悖的体育运动和与自然规律相关的运动不具有创造性，不是体育发明；最后，体育发明具有具体的技术方案。根据《专利法》的规定，专利的创造性是指申请的专利不能是已经存在并且为公众熟知的现有技术。以体育运动中的武打动作为例，一些功夫影星的武打场景，动作优美，招式连贯并且具有一定的独创性，但是相类似的武打动作已经多次出现，被人们所知道，因此这类动作是不能够注册专利的。专利的实用性是指申请的专利一定要能够应用于工业化的生产，形成对人们有用处的产品。专利跟产品是相互依赖的，产品本身可以申请专利，产品的模型、外观等也可以申请专利，比如 iPhone 手机外观可以申请专利。基于这两点，上例中的武术技术是不能够成为专利的。事实上，包括武术技术在内的体育运动都是不能够申请专利的，这类非专利技术被归纳在"智力活动的规则和方法"。

综合以上分析，体育非专利技术是不应授予专利的。从法律层面来分析，体育非专利技术不符合传统的专利法实用性要求，不应成为专利法保护的对象。从经济层面来分析，体育非专利技术的创新并不完全依赖于专利制度。而且，如果体育非专利技术受到了专利制度的保护，就有可能降低体育赛事的竞技性，破坏体育比赛的初衷，最终给社会造成经济损失，阻碍社会经济的发展。

（三）体育非专利技术受《反不正当竞争法》保护

现如今，体育非专利技术的许可已经充斥了整个贸易市场。体育非专利技术具有秘密性的特点，它虽然不受专利法的保护，但不意味着不受其他法律的保护。很多国家都有其他的法律条文来对体育非专利技术进行保护，例如未公开信息（Undisclosed Information）在国际上受到《与贸易有关的知识产权协定》规定的知识产权的保护。在我国体育非专利技术是不受《著作权法》和《专利法》保护的，但是体育非专利技术是许多人智慧的结晶，很多的科研工作者、运动员等都付出了辛勤的劳动，凭借这种智力成果可以赢得竞争，这些技术具有一定的经济价值，所以体育非专利技术往往被权利人当作商业秘密来进行保护。

体育非专利技术的保密措施关系到运动员在体育竞技中的实际竞争能力，这种保密手段对竞技体育产业的发展非常重要，甚至会影响运动员的体育生涯。体育非专利技术的保护根据商业秘密的内容和形式，符合《反不正当竞争法》关于商业秘密的要求，并可受到商业秘密法律规范的保护。维持行业内的竞争优势是商业秘密受到法律保护的重要价值，获得良好体育竞争优势的最有效途径便是通过科学的训练方法，保持最佳的运动状态和不断提升体育竞技水平。体育训练的研究发明也是在相对密封的环境中产生的，教练员和运动员对运动训练和其他相关的计划、战术、战略采取保密手段，实际上相当于维护在该项非专利技术上的商业秘密权。①

体育非专利技术的创新可以帮助运动员提高训练运动技巧，从而在体育赛事中获得良好的成绩。这项技术公之于众之后，能够普遍提高运动员的技术水平，促进运动的进步与发展。体育非专利技术创新是教练员、运动员和科研人员智慧的结晶，这些创新肯定能够促进体

---

① 梁枢. 我国体育用品技术创新的产学研模式研究 [D]. 山东大学，2015.

育运动的发展，敦促社会文明进步。适当奖励技术创新人员，有助于提升技术人员的研究积极性，创造出更多更实用的非专利性技术，同时也是我国体育发展的重要手段，对于振兴我国体育事业有着不可忽视的作用。

七、体育非专利技术的保护情况

对有价值的技术的保护方法有很多，最早对这些技术的保护方式是组织内部传授或者直系亲属传授。例如2014年，申报成功的第四批国家级非物质文化遗产代表性项目——咏春拳。最早咏春拳是由少林弟子严二掌握，严二再传女咏春。咏春拳发展到今天，已经广开门户招收弟子，但是真正咏春的掌门人，仍然是具有血缘关系的嫡系子女，或者众多弟子中具有资质的一人。再如我国少数民族苗族的蛊术，传女不传男，并且只能传给具有血缘关系的女子。随着社会的进步，出现了通过签订合同来保护有价值技术的方式。进入21世纪以来，人们法律意识增强，使用法律保护创新技术成为一种普遍的行为，我国专利保护开始出现。我国《专利法》规定，在专利保护的期限内，除了专利所有人之外的任何人不得公开专利的内容，并且不能未经授权使用专利技术，否则可以依法追究其责任，但是当超过专利保护的期限后，专利可以被公开，并且人们可以免费使用该专利技术。因此，如一些饮料的配方、云南白药的成分、基因克隆技术、工业和农业生产中的关键技术、涉及国家安全的军事技术等，都是技术所有者不愿意在今后公之于众的商业技术秘密，更加不愿意在有限范围内公开申请专利保护，所以一般严格保密。

技术秘密保护也是一种保护有价值的技术的方式。当事人可以以《专利法》和《著作权法》的形式受到保护，还可以使用技术秘密保护的形式。技术秘密可以保护除了跟国家和民众生活相关的国家秘密和个人隐私之外的其他秘密。体育非专利技术可以当作技术成就或技术秘密保护。

我国《国家体委体育科学技术研究成果管理条例（暂行）》规定了体育科技成果的范围：它包括体育科学技术方面的新方法、新产品、新技术等，既包括先进的技术，也包括具有实用价值的技术。体育科技成果可申请并参选国家体育总局体育科技进步奖奖项。但是在实践中，很少有技术达到该奖项的要求，并且缺少实践指导，可操作性较差。

国际体操联合会曾经以运动员的名字命名一项技术动作，成为在国际赛事中首创且具有影响力的奖励措施，用来肯定运动员做出的成绩。不过此种命名法仅限于体操项目，其他项目还没有采用过。例如 2005 年墨尔本世锦赛，中国选手程菲在女子跳马比赛中完美表演了"踺子后手翻转体 180 度—直体前空翻转体 540 度"而获得冠军，此后该项运动技术被国际体操联合会命名为"程菲跳"。但是国际体操联合会是非政府体育组织，并不受到国家的法律保护。事实上，当前不论在国内还是国际上，很多体育非专利技术并没有受到立法的保护。

八、体育非专利技术的知识产权保护

（一）运动员选材的非专利技术

体育非专利技术是一个比较宽泛的概括词汇，其内涵和外延都很丰富。如前所述，运动员的选材是体育非专利技术的具体类型。运动员选材技术凝聚了选材者的技术经验和技术智慧，并采取一定的保密措施防止其泄露。良好的选材在弥补后备力量不足等方面具有重要作用，且能够在日后的体育赛事上占据优势地位，具有较高的实用性，完全符合体育非专利技术的构成要件。[1]本书以中国击剑队为例。

---

[1]　刘亮. 奥运会背景下的体育非专利技术及其法律保护 [J]. 研究生法学，2009，02：1-16.

在 2008 年第 29 届北京奥运会上，江苏籍小将仲满横空出世，一黑到底，获得男子佩剑项目的金牌，其余多个击剑项目则纷纷实现创造历史最好成绩的目标。事实上，随着现代竞技体育运动的迅速发展，各国之间的技术水平日益接近，无论是击剑还是其他体育竞技项目，其训练条件、方法、手段等方面的差距日益缩小。相比之下，个人的先天条件在提高运动成绩方面的作用却越来越明显。如何将具有体育运动天赋的人才选拔出来，成为备战奥运会等重大体育赛事的至关重要的工作。就击剑运动员的选材而言，就是要把在击剑竞技能力、身体形态、身体素质、生理机能和心理素质等方面具有先天优越条件的青少年选拔出来。首先是身体形态方面的要求，这亦是遴选击剑运动员首先需要考虑的因素。身高在击剑竞赛中虽不占据绝对的优势地位，但地位逐年递增。根据有关体育学者的研究，击剑运动员的理想身高为：男子佩剑 185～195cm，男子花剑 180～185cm，男子重剑 185～198cm；女子佩剑 174～180cm，女子花剑 172～178cm，女子重剑 175～185cm。其次是身体素质方面的要求。身体素质是指必备的基本运动素质和专项所需要的特殊素质。由于专项素质决定了运动选材对象的运动能力和最终的可塑性，故在击剑运动员选择的过程中，需要重点考虑以下几项因素：一是速度。击剑运动对速度的要求很高，特别是动作的速度和反应的速度，在比赛中往往起到了至关重要的作用；二是力量。击剑项目中，既有相对不变的运动，又有持剑交锋及大深度弓步的激烈运动，对身体各个部位的负荷能力要求很高。所以，力量是必备的基础条件，应当选择那些腕、肩、膝关节灵活且力量较强的青少年从事专项训练。在具体的选拔过程中，可以采用握力、俯卧撑、仰卧起坐、立定跳远、双手拿重物后抛和前抛的方法来观察力量。根据有关体育学者的研究，击剑运动员的力量测试标准为：男子每次俯卧撑为 10～15 个，女子为 5～10 个；男子仰卧起坐（屈膝）每分

钟 $60 \sim 70$ 个，女子同为 $60 \sim 70$ 个；男子立定跳远为 $230 \sim 250 cm$，女子为 $210 \sim 230 cm$。除此之外，还包括运动员的柔韧素质、协调和灵敏能力、反应速度、爆发力和节奏感等。最后是心理素质方面的要求。由于击剑规则的修改和击剑水平的日益接近，比赛的激烈程度明显增加，心理素质的作用显得格外重要。虽然心理素质较为直观，但却不容易被理解，后天又极不容易培养。对于击剑运动员而言，良好的专项感知、敏捷的思维、顽强的品质和稳定的情绪等心理特征，是让战术得以充分运用的重要条件。因此，在选拔击剑运动员的过程中，应当尽量选择专项心理特征良好的青少年。此外，击剑运动员思维的深入性、灵活性与创造性，是丰富多彩的战术得以运用和变化的必备条件，亦是决定胜负的重要因素。选材是一项复杂而细致的工作，青少年处于生长发育的旺盛时期，对其未来情况较难准确地预测。因此，除了需要全面地观察测试之外，还应当注意其发育程度、遗传因素等选材条件。

（二）体育非专利技术的社会承认和保护

体育领域中的运动动作的编排、技术规则、技术技巧，由于具有特殊性和无形性，不能申请专利。虽然体育非专利技术是智慧成果，但它的实质归属公有，并不被单个自然人或者团体独立使用。因为体育竞技公开表演、公开竞赛的特点，总是会在观众面前展示出来，被其他竞争对手所知，这样一来只要是在规定范围内，大家都可以使用该项技术或者表演编排。同时，这成为体育非专利技术不能申请专利保护的重要原因。在体育运动的逐渐发展中，有的技术项目甚至成为赛事规定的必须完成动作，假如该项技术申请了专利，其他运动员无法使用此技术，这违背了体育运动提高全民健康的初衷，更加不利于体育运动的全面发展。

体育非专利技术不在专利法保护范围内，但不能够判断为不受到任何形式的保护。千百年来所有人类智慧和劳动的付出，激励广大人民创造创新，促进社会发展。《体育法》和我国《国家科学技术奖励条例》都指出要鼓励和奖励在体育界做出创新创造的个人或组织。这些法律法规的立法基础、法律观念，都对体育非专利技术的保护有指导意义和灵感启发。①

现代人类具有社会属性，他们的合法财产权、精神权、人权等基本权利，应当受到社会保护和尊重。保护人的基本权利是《中华人民共和国宪法》明确规定的。知识产权法的社会功能是保护公民和社会群体的智慧与劳动，实现技术的经济价值。能够促进社会发展的发明和创造，不管是体育运动领域的还是其他社会领域，不管是创新的方法还是创造的成果，社会都应该给予肯定，并制定法律制度保护创造者和所有者的合法权益。

体育非专利技术既有意外创新的发现，也有经过长时间的观察得出的经验性总结，无论是创新还是发现，都是人类智慧的结晶。"马家军"长跑教练马俊仁，通过长时间观察奔跑型动物的奔跑姿势、习惯等方面的特点，总结出"高频次、小步跑"的中长跑经验。而有些创新是意外的发现。中国二十世纪六十年代跳水名将杜度，在一次训练中手腕受伤，只能采用右手抓住左手腕的方法缓解疼痛，结果这一意外的举动将入水时的水花减小了，因此就出现"翻掌压水花的入水技术"②。可能有人认为这个技术只是一个动作，没有什么保护必要，运动员也没有投入太多的金钱和研究。但是，体育运动的商业秘密非同寻常，其价值就像一颗钻石，挖出来打磨成型便是价值连城，不去挖掘它永远是一块石头，被众人践踏在脚底下。发现是探索和研究实际存在的东西或规则，同样是探索新事物的创造活动，如果没有探索

---

① 邓平. 我国大型体育赛事知识产权保护现状及发展对策研究［D］. 北京体育大学，2009.
② 杜度. 翻掌压水花的入水技术［J］. 体育科技，1979，02.

者的思考和总结，这种无形的规则也不能被发现，所以发现也是创新和创造的重要来源，是人类创造性思维的典型表现。体育非专利技术在普及和运用中，推动了科技水平的提高，为社会作出贡献，创作者至少应该得到社会的认可或某种荣誉。

另外，体育非专利技术作为体育无形资产的组成部分，含有丰富的技术、技巧和经验知识，这种无形资产不仅可以提高运动员的体育技能和比赛成绩，而且还可以提高体育领域的管理效率和管理水平，进一步推动现代体育的发展。如提高运动员个人技能水平，以参与高水平竞争；提高运动员价值；提高广告代言费；或在竞争中获得更高的荣誉等。体育非专利技术是运动员、教研人员、管理人员共同协作的结果，也是他们获得利益的方式，是一种无形的知识产权。

我们不认为社会应该承认和保护所有的体育非专利技术，只有那些能够带来经济效益和竞争优势的非专利技术，才需要受到保护。这将进一步提高和完善体育竞技技术，推动对体育非专利技术的长久发展。

（三）体育非专利技术的侵权类型及补救措施

1. 体育非专利技术的侵权类型

《反不正当竞争法》中的商业秘密定义为不被公共知晓，但是可以给权利人带来经济利益的信息和技术等。考虑到目前市场的商业法则和行为，以下三种行为将会侵犯体育非专利技术所有者的合法权益：

（1）采取偷窃、诱骗或其他不正当手段，获得体育非专利技术所有者的技术、技巧。

（2）未经许可的情况下泄露、使用体育非专利技术所有者的关键技术和信息。

（3）违背体育非专利技术所有者关于技术商业秘密的保密要求，泄露、使用或允许他人使用技术、技巧和关键信息。

2. 体育非专利技术的侵权救济

（1）谈判解决。侵权行为发生时，受害方可以与侵权方进行协商解决，一方面可以要求侵权方立即停止侵权行为，另一方面可以维护被侵权人的合法权益，与对方协商经济赔偿事宜并提出适当赔偿请求。2008 年北京奥运会开幕前的开幕式彩排表演，中国邀请了多家国外媒体报道彩排情况，但没有将开幕式彩排活动对外播出。韩国 SBS 电视台在未经中国方面许可的情况下，采用其他渠道获取北京奥运会开幕式彩排表演的录像，并且播放了该录像。按照国际惯例，外国媒体是不能够泄露开幕式的内容的，SBS 的行为打破了奥运史上的默契，破坏了群众期待奥运会的乐趣，当时我国与 SBS 媒体经过多次谈判，协商解决了彩排盗播事件。

（2）申请仲裁。现代社会商业合作模式不断创新，体育非专利技术的转让和合作行为层出不穷，在转让和合作的过程中，双方产生侵权及纠纷便是常事。如果侵权者在侵权事件发生之前与技术所有人签订了转让协议，并且协议中约定了侵权行为的处理方式，规定了仲裁条款。那么在此种情况下发生侵权违约，技术所有人可以根据《中华人民共和国仲裁法》向相应的仲裁机构申请仲裁，不可以在法院提起诉讼。仲裁结果作出以后，双方也不能够就此事件再向当地人民法院提起诉讼或者申请再次仲裁。但是，如果当事人双方没有签署仲裁协议，那么被侵权人不得申请仲裁。申请仲裁的特点是可以有时效性，同时可以作出有结果的裁决，明确保护体育非专利技术的合法权益。

（3）民事赔偿。《民法总则》和《反不正当竞争法》关于侵权责任和违约责任的一般性原则规定，同样在保护体育非专利技术方面也适用。为了维护体育领域公平公正的市场秩序，防止故意或者职务疏忽违反基本竞争原则，窃取体育商业秘密的行为，严重侵犯技术所有人合法权益，需要制定体育非专利技术的保障制度，依法追究侵权人的责任。目前采用的处罚方式有命令停止侵权，赔礼道歉，取消非法获得的荣誉、物质和名誉等，这些方式可以单独使用，也可以合并使用。

（4）行政处罚。行政处罚是我国处罚体育非专利技术侵权行为的手段之一。在商业秘密遭到侵害的情况下，如果不立即采取强制手段制止侵权行为的继续蔓延，可能会对技术所有者带来更大的经济损失或精神损失。这时需要依靠行政部门根据《反不正当竞争法》、《关于禁止侵犯商业秘密行为的若干规定》等法律法规，及时采取便利的处罚措施，遏制侵权行为的进一步扩张。《关于禁止侵犯商业秘密行为的若干规定》明确规定，工商行政管理机关具有责令侵权方立即停止侵权行为的权利，并且可以根据侵权情节的严重程度加以处罚。

（5）刑事处罚。根据《中华人民共和国刑法》关于商业秘密的相关规定，侵犯体育非专利技术秘密的行为，一旦触及刑法层面，定为侵犯商业秘密罪。违法者为单位时，法律上除了判决承担经济上的惩罚外，单位负责人或者直接责任人还应该接受刑事处罚。

（四）体育非专利技术的保护途径和方法

前文提到，体育非专利技术是广大体育从业者在体育领域的智力成果。作为智力成果，它的法律性质应该是一种特殊的知识产权。那么，对于体育非专利技术的法律保护，还要考虑知识产权法的利益平衡原则。目前我国体育非专利技术在法律保护方面存在着以下问题：

第一，《合同法》在有限范围内保护了体育非专利技术，但并没有实现全面保护，具有局限性。一般情况下，合同的签订方只有两方，如果第三方使用不正当方式盗取技术信息，那么从法理上来说，合同对第三方的盗窃行为不具有约束力。因此权利人无法依据合同追究第三方不正当行为的责任，而只能以侵犯商业秘密或者其他类型的秘密为由起诉第三方。

第二，《反不正当竞争法》详细规定了商业秘密的形式和范围，但是没有明确界定商业秘密的产权，对侵权要素和侵权范围也没有具体的界定，存在一定的遗漏和缺陷。一方面，我们很难在《反不正当竞争法》中找到对体育非专利技术的保护条款。另一方面，《反不正当竞争法》侧重于约束市场经营者正常竞争的市场关系，维护市场的公平公正原则，促进市场有序发展，但是并未提及市场经营者所在单位的员工与所属单位的保密约定。《反不正当竞争法》制定于1993年，其商业秘密条款反映了当时的研究和了解的现状。自立法以来，商业秘密发生了很大变化，越来越多的专家学者以及法院法官提出制定《商业秘密保护法》。目前我国法律对商业秘密的约束和保护较少，这也制约了理论的发展和司法实践的进行。

第三，《刑法》是国力民生最有效的保障法，也是维护人类社会公平正义的防线。没有刑法这道防线，犯罪行为将得不到严厉处罚。不过，近些年《刑法》在商业秘密侵权案件中，出现了滥用或者无法定性的现象。在司法实践中，控辩双方对于商业秘密的界定、损失的界定和具体侵权行为的判断等存在认识不统一的情况，只有在双方的辩诉中找到平衡点，才能做出公平公正判决。比如某公司职员王某在长期的工作中，积累了从公司学到的技术和技能，在跳槽之后将这种技能带到了新公司，这种行为是否侵犯了原单位的商业秘密是值得商榷的。姚某在原公司的工作中，已经熟练使用各项技能并且转化为其自身的技能，尽管原公司的技术符合商业秘密的"保护性"的特征，但是通过《刑法》的强制力限制姚某使用自身技能是有不妥的。

在目前阶段，我国的立法还存在很多不足之处，导致一些地方法官在处理商业机密侵权案件时，没有一个统一的判断标准，很多时候法官凭借自己的主观意识和经验断案。同时，《刑法》对侵犯商业秘密罪的规定，完全复制了《反不正当竞争法》的规定，但对不同身份的侵权者所实施犯罪行为没有进行区分，采用了一刀切的野蛮判断方式。在笔者看来，某些特定身份的犯罪分子利用职权之便，或者其他机会和漏洞谋取一己私利，实施窃取商业秘密犯罪行为，直接或间接侵害到体育非专利技术所有人的合法权利，鉴于他们职位的特殊性和公共影响力，这种情况所带来的社会危害影响明显大于普通犯罪行为。另外，《刑法》是从市场公平的角度来维护非专利技术所有者的利益，存在着漏洞和缺陷，如果是客观上泄露了商业机密和技术信息但却没有对市场的公平正义秩序造成恶劣影响的，并没有法律对这种行为进行规范管理。

第四，行政救济不足。首先，我国工商行政管理机构所制定的行政处罚对侵犯专有技术的行为仅仅处 1 万至 20 万元罚款，处罚比较轻。随着经济市场的快速发展，该数额已经不再适用于当前的市场现状，处罚成本明显低于犯罪收益时，这种犯罪行为将难以遏制。因此，侵犯商业秘密的行为屡禁不止，是因为有人宁愿承受被罚款的风险，不断尝试通过侵犯商业机密从而获得更多的经济利益。其次，行政执法机关惩处措施单一。行政补救只是作为民事和刑事补救措施之外的补救措施，不能成为主要补救方法。所以说如果行政处罚措施单一，处罚力度不够，就会出现犯罪容易、执法困难的情况。[①]

通过对目前我国体育非专利技术现状的分析，在体育非专利技术法律保护上，本书提出了下面几点建议：

1. 完善体育非专利技术的法律体系

世界其他国家常规的做法是将法律中对商业秘密保护的条款，适

---

① 马法超. 体育相关无形财产权问题研究 [D]. 北京体育大学，2007.

用到非专利技术上，比如在《合同法》《反不正当竞争法》《侵权行为法》等法律中零散分布了有关于非专利技术的保护规定。到目前为止，我国在《民法通则》《刑法》《合同法》《商标法》《反不正当竞争法》等法律法规中，对非专利技术或多或少制定了对应的条文保护。以上法律法规规定了专有技术的保密性和违约责任。由于体育这一领域的情况较为特殊，体育非专利技术作为体育运动界的无形资产，法律的覆盖范围没有涉及体育领域的重大技术创新和成果，而这些成果在体育领域是具有举足轻重的作用的。为了保护体育非专利技术所有者的合法权益，有效防止对体育非专利技术的侵权行为，不断发展体育非专利技术市场，我国要尽快针对非专利技术制定保护法。本书认为，有三种方式来完善体育非专利技术的法律体系。

第一种方式是我们可以将具有艺术表演特色的体育竞技典型表演，纳入《著作权法》的保护范围，保护创作者的合法权益。首先，在《著作权法》的保护对象中新增具有难度和艺术美感的体育作品，如艺术体操、游泳、滑冰、武术等，这可以把创新和富含艺术品质的体育非专利技术纳入法律保护范围；其次，建立民间艺术特色的体育项目的创新与技术的保护法律或者法规，明确保护对象。

第二种方式是通过司法实践，把体育非专利技术的创新技术，如培训方法、恢复方法以及一些国家传统体育健身锻炼方法，作为体育领域非专利技术的机密，划入《反不正当竞争法》的保护范畴。不过值得注意的是，根据国际法律惯例，法律并没有明确商业秘密的类型。因此通过立法细分体育领域的商业秘密，是保护体育非专利技术的必经之路。

第三种方式是将体育非专利技术写入《体育法》或制定《体育非专利技术保护条例》。并明确以下制度：首先，在法律或法规中明确相关部门和组织有保护体育非专利技术的责任与义务；其次，制定体育非专利技术使用管理制度，其中需要涵盖使用制度、商业使用系统、其他人员使用限制等；再次，制定奖励制度，奖励在体育非专利技术的发现、创新创造中做出重大贡献的个人或组织；最后，明确对体育非专利技术侵权行为受害人的救济方式。

2. 完善体育非专利技术管理制度

体育非专利技术，是知识、经验的长时间总结和积累，需要投入人力、财力进行不断的科学探索。体育运动创新和技术成果的应用，促进了体育运动项目的发展，提高了技术水平，为社会发展作出了不懈努力。我国社会各部门和团体组织应该认可体育非专利技术的创新和创造，给予他们一定的奖励和个人荣誉，并且立法保护他们的劳动成果。当前最紧急的任务是制定体育非专利技术的申报、审批、等级认定流程、奖励、侵权责任追究制度等一套完整的管理体系，塑造体育非专利技术创新、运用、技术转让、市场推广等整套技术使用体系。认可其他国家的体育非专利技术，并且学习和运用国外的先进技术和理论，融合到国内的实战中来。国际奥委会和国际体育组织需要制定与国际体操相类似的命名奖励制度，用来鼓励各项运动中对运动战术的创新作出重大贡献的体育从业者。国际社会也应当把体育非专利技术纳入知识产权的保护范围。

3. 加大力度打击体育非专利技术的侵权行为

体育非专利技术的侵权行为是一种不正当竞争行为，国际社会对不正当竞争行为都制定了对应的反不正当竞争法，以消除不正当竞争行为给社会公平带来的不利影响。反不正当竞争法能够为非专利技术保护提供法律依据，从而维护人类社会的公平公正秩序。当体育非专利技术所有人的正当权利受到侵犯时，可以直接适用民法中关于权利受到侵犯的相关规定维护自身合法权益。加大对体育非专利技术侵权行为的打击力度，及时惩处违法犯罪人员，降低侵权事件再次发生的概率。建立健全体育非专利侵权举报网络体系，奖励信息举报人，公平、公正、有效地处理体育非专利技术侵权行为，保护非专利技术持续创新与发展。窃取他人的非专利技术行为，在确定侵权、证据确凿、影响恶劣的情况下，应该依法追究侵权者的法律责任，维护非专利技术所有者的合法权益。

4. 规范体育非专利技术的转让

目前，我国体育非专利技术的转让方式一般有两种：合同转让和劳动合同约定。体育非专利技术的合同转让是指双方达成一致，采用签订协议的方式实现体育非专利技术转让，协议中除了约定技术许可的内容，还要明确协议双方的责任与义务、技术的保密性等特殊条款。劳动合同约定是技术的所有人与机构或其他合法经营单位签订了劳动合同。劳动合同中双方可能会约定，在合同期间，员工所创造和发现的体育非专利技术属于其职业范围内发明创造，员工在工作中接触到的关于非专利技术秘密，应承担保密义务。比如，我国的《劳动法》第 22 条的规定，其他许多国家在就业法中也制定了相关的规定。体育非专利技术所有人自行选择适合的保密方式，防止技术机密被公之于众。除此之外，体育界的合法组织还可寻求保护商业秘密的其他方式。比如采取行政规定限制相关人员的自由流动，特别是到其他国家的流动，防止因人员的流动造成机密技术信息被泄露到其他国家或组织；采取经济奖励、名誉奖励等方式吸引重要技术人才在国内发展。体育行政机关和行业协会应当重视体育知识产权保护，制定保护体育运动领域商业秘密的制度和方法，及时制止球员和俱乐部之间的间谍行为，做好各方面的安全工作。

5. 完善体育非专利技术创新的奖励机制

无论是国际还是国内的体育组织或团体，对体育非专利技术的创新都应该增加奖励措施。当前的体育项目中，国际体操联合会（FIG）

和美国职业男子篮球联赛（NBA）在奖励机制方面相对比较完善。国际体操联合会一直以来有一个不成文的规定，就是使用运动员的名字命名其所创新的运动技巧。众所周知，正式比赛中，个别体育项目的核心技术和创新技术都可以带来新的突破，这大幅度提高了运动员的水平和比赛成绩。出现在 2005 年墨尔本世界体操锦标赛跳马项目的"程菲跳"，就是体操史上的一个著名技术亮点。所谓"程菲跳"，就是指踺子后手翻转体 180 度—直体前空翻转体 540 度，"程菲跳"的出现引起众人哗然，而程菲也因为成功完成这一技术亮点，获得了 9.631 的高分。比赛结束之后，程菲的这个体育技术被国际体操联合会命名为"程菲跳"。其他比较著名的例子还有"双杠李宁大回环"。美国男子职业篮球联赛为对篮球做出重要贡献的人设立了名人堂奖，名人堂的荣誉不低于 NBA 总冠军，可见其含金量。获得名人堂奖项的人中，不仅仅有著名的球星，还有很多创造发现体育非专利技术的人，如"梦幻舞步"的创造者奥拉朱旺，"后仰跳投"的创作者迈克尔·乔丹。

对于与特定运动相关专有技术的保护，笔者认为，国际体操联合会或美国职业男子篮球联赛的做法值得借鉴。我们可以制定一个有效的激励制度，针对关键的技术创新使用具体的人或团队名称来命名，这些做法对于运动员，或者教练员，抑或是其他为体育产业努力付出的科研人员是一种骄傲和荣誉。但是，需要指出一点，当奖励体育专有技术时，需要考虑运动员、教练员、科研人员的贡献程度，以判断该项体育非专利技术的归属。在此种情况下，利益分配机制应运而生。需要建立一套良好的利益分配机制，这样才能避免日后因体育专有技术权引发类似运动员向教练员"讨薪"之类的矛盾。此外，1989 年 7 月，我国国家体育运动委员会颁布了《国家体委体育科学技术成果鉴定办法》（以下简称《办法》），但是《办法》规定的标准过高，在实践中不断涌现出理论脱离实践的情况，导致可操作性不强，非常不利于我国体育非专有技术的正常发展。我国需要尽快制定完善的奖励制度和激励机制，促进体育领域的创新创造。①

九、小结

体育非专利技术是一种知识产权，它是在长年的体育运动发展过程中，积累出的具有一定技巧性的技术。对于体育非专利技术，应着重从《反不正当竞争法》方面进行规范及保护。具体而言，应明确体育非专利技术的侵权类型及相应的救济手段，规范体育非专利技术的转让程序，加大对体育非专利技术的侵权行为的打击力度。确定我国体育非专利技术的法律地位，完善相关的法律制度，实行法制保护的全面覆盖是未来我国体育非专利技术立法的一个重要方向。

---

① 张春燕，钟明宝，李丽．体育知识产权研究进展［A］．中国体育科学学会．第七届全国体育科学大会论文摘要汇编（一）［C］．中国体育科学学会，2004：1.

第六章

我国体育非物质文化遗产知识产权保护问题

　　人类存在的历史有几万年，但目前可知的人类文化只有六千年的时间。为了使民族文化在人类历史文化发展中不断繁衍生存，我们必须完全继承传统文化的精髓，发扬民族文化的本质。假如没有了传统文化，民族的发展就会丢失了思想，最终要么被其他文化所兼并，要么消失在历史的长河中。非物质文化遗产作为国家传统文化的核心组成部分，是国家的精神生命线和生存基础。继承传统文化，保护我们的非物质文化遗产，是建设中华民族和谐社会的文化基础，同时也是建成现代小康社会所亟待解决的重要问题。民族传统体育作为非物质文化遗产的一部分，一直在发扬我国的民族文化精粹，它们在增强民族体质，塑造我国民族文化的独有特色，促进中华传统文化的多样化，促进国家民族团结，建设我国社会主义精神文明和物质文明等方面，发挥了不可替代的作用。随着全球化趋势的不断加强，现代国际社会信息化加速，我国在民族传统体育非物质文化遗产保护方面的问题与缺陷日益凸显，同时我们也面临着未来及国际社会的严峻挑战和威胁。我国一些非物质文化遗产已经或者濒临丢失、遭受侵权、滥用，其中不乏传统的民族体育。美国迪士尼盗用中国传统故事中的"花木兰"传说，制作了系列动画片"花木兰"，世界票房收益达数十亿美元；

日本动画片多次盗用中国四大名著中的各种角色和名称、故事情节等，甚至使用四大名著的名称注册了游戏商标。这些问题的出现，暴露了我国在非物质文化遗产保护方面的严重失职。

非物质文化遗产是中华民族传统文化的典型代表，也是我国文化传承的主要内容。更好地保护、传承我国的体育非物质文化遗产，不仅仅是对民族文化的尊重和传播，更是对现代文明源泉的保护。民族传统体育在维护国家关系、促进民族团结、提高民族国际地位等方面发挥了不可替代的作用。现在，关于民族传统体育非物质文化遗产的保护已转变为发展和利用的方式，并且注重可持续发展。由于非物质文化遗产已成为科学技术、经济、创新文化的重要来源，其经济价值已经与过去不同。从保护非物质文化遗产的角度来看，保护我国传统体育文化遗产是当今体育从业人员的职责与发展方向。

一、民族传统体育非物质文化遗产综述

什么是非物质文化遗产？联合国教育、科学及文化组织（以下简称联合国教科文组织）于2003年公布的《保护非物质文化遗产公约》是这样定义的：非物质文化遗产是被各社区、群体，有时是个人，视为其文化遗产组成部分的各种社会实践、表演、表现形式、知识体系和技能及其有关的工具、实物、工艺品和文化场所。[①] 2004年12月，中国作为发展中国家正式加入《保护非物质文化遗产公约》，将保护非物质文化遗产上升到国家高度。2011年6月1日，中华人民共和国第十一届全国人民代表大会常务委员会第十九次会议通过的《中华人民共和国非物质文化遗产法》（以下简称《非物质文化遗产法》）开始施行，该法律为加强非物质文化遗产保护提供了保障，从此非物质文

---

① http：//www.ihchina.cn/detail.jsp？info_id＝103 中国非物质文化遗产网.

化遗产保护有法可依。《非物质文化遗产法》第 2 条对非物质文化遗产做出了明确界定，并将传统体育纳入到非物质文化遗产的范围内。

中华民族在数千年的历史中积累、创造了丰富的文化精华。到目前为止，已经形成了具有中华民族特色的体育文化内容和形式，如特色的体育项目、体育器材、竞赛规则等，都体现了五彩缤纷的民族特色和生活习俗，是民族文化的瑰宝。现在一些传播性很强和极具活力的传统体育文化都成为了非物质文化遗产，比如，舞龙舞狮、赛龙舟、那达慕等，为民族生活增添了乐趣。目前，我国国家非物质文化遗产中所涵盖的传统体育项目达到了六十多个。以非物质文化遗产为基石展望国家传统体育的发展方向，以法制的视角建设体育非物质文化遗产保护体系，对于保护、传承和发展我国的传统体育都具有重要意义。

二、民族传统体育知识产权保护对象

我国的传统体育文化植根于中华民族传统文化，每一项运动都充满了文化韵味。1999 年联合国教科文组织通过了《埃斯特角宣言》，该宣言中提到，国际社会应该支持各国各民族，根据原有的文化基础，制定保护和传承传统体育文化和项目的法律法规，这些体育运动项目包括民族的传统体育项目和娱乐项目，鼓励大家举行富有传统文化特色的体育节。《埃斯特角宣言》是人类历史上首次提出保护体育非物质文化遗产的规范性文件。

目前我国现有的知识产权制度可以对接上非物质文化遗产保护制度。虽然传统体育文化与传统知识产权的保护对象存在很大差异，但保护知识产权的法律法规在一定程度上也涵盖了对我国传统体育非物质文化遗产的保护。因此，我们可以在知识产权和体育非物质文化遗产之间进行有效的协调和互动，将我国传统民族体育纳入到知识产权保护范围，增强我国传统体育文化的创新动力。目前我国知识产权制度中已经存在的知识产权有商标权、专利权、著作权，这些知识产权可以覆盖到一部分民族传统体育文化。符合知识产权保护的体育作品，可以受到著作权法的保护，如根据传统武术惯例为基础，创新或者创作的新方法、理论知识等智慧成果。创作者重新整理、解释中国传统体育的新作品，创作人也依法享有该作品的著作权。除此之外，使用现代信息技术制作的各种各样的国家传统体育数据库，即使是汇总和编辑的作品，也可以受到著作权法的保护。制作方根据民族传统体育项目表，汇编制作成各种现代信息技术传播媒介，制作方依法享有邻接权。对于民族传统体育项目中需要对外保密的项目，可以视其为商业秘密给予保护。

另外，在确定了民族传统体育项目的标志性识别物后，我们可以适用《商标法》保护我国部分体育非物质文化遗产。如世界各国各民族将传统体育项目，以官方组织或者民间团体为主体申请认证商标，以便于组织内的成员可以在今后的活动中依法使用该体育项目商标，同时便于体育项目的规范化管理和大范围推广。为了对我国的民族文化负责，我们应该及时地注册民族传统文化体育项目的商标，以获得商标法的法律保护，避免其他国家盗取我国传统文化后在维权时无法可依。

三、民族传统体育非物质文化遗产知识产权保护现状

（一）我国非物质文化遗产保护现状

从 1998 年至今，全国人大教科文卫委员会在立法工作上做了很多的调研；2003 年 11 月，全国人大教科文卫委员会带领相关部门起草了《中华人民共和国民族民间传统文化保护法草案》，交至全国人大常委会，待其审查；2004 年 8 月，此草案更名为《中华人民共和国非物质文化遗产保护法草案》；2004 年 12 月，中国政府正式加入《保护

非物质文化遗产公约》，从此将保护非物质文化遗产作为我国的责任与义务。2005 年 3 月，为了提高我国对精神文化的保护意识，贯彻和落实保护优秀精神文化的精神，国务院办公厅出台《关于加强我国非物质文化遗产保护工作的意见》。2011 年 2 月，在第十一届全国人大常委会第十九次会议上通过《中华人民共和国非物质文化遗产法》，于同年 6 月 1 日起正式施行。

为了全面地保护我国非物质文化遗产，很多地区出台了适合本地区的法规。宁夏回族自治区于 2006 年 9 月出台了《宁夏回族自治区非物质文化遗产保护条例》；江苏省于 2006 年 9 月颁布《江苏省非物质文化遗产保护条例》，并于 2013 年修订；2015 年 12 月山东省正式出台第一部确立非物质文化遗产保护制度的《山东省非物质文化遗产条例》。我国各个地区在保护非物质文化遗产的道路上不断探索，此后一段时期，浙江、贵州、广西、新疆等地都出台了相关法规。

近几年，党和国家集中力量，引导我国各部门不断增强对非物质文化遗产的保护意识，提高工作效率，积极开展文化保护工作，并增加财政投入共计 17.89 亿元，工作上取得显著成效。具有中国特色社会主义的非物质文化遗产名录和法律体系逐渐形成，并在实践中不断完善。国务院公布的国家级非物质文化遗产名录共有 1530 项，国家级项目代表性的传承人共有 148 名（截至 2011 年）。在文化生态保护方面，我国也不断努力和实践，成立了羌族文化、武陵山区（湘西）等 6 个国家级实验区。[①]

（二）民族传统体育非物质文化遗产知识产权保护现状

作为一个历史文化悠久的国度，我国拥有优秀而博大的传统文化。

---

① 倪雅娟. 论体育标志的知识产权保护 [A]. 浙江省体育局、浙江省体育科学学会. 浙江省第十三届运动会体育科学论文报告会论文集 [C]. 浙江省体育局、浙江省体育科学学会：2006：3.

我国历史文化源远流长，在历史的长河中不断给予华夏儿女力量，丰富了中华儿女的精神世界，也不断推动我国社会主义道路的建设。非物质文化遗产是世界各地人们智慧和汗水的结晶，承载着各国的优秀文化，它是一个民族的根和灵魂，推动着该国精神文明的发展。我国的传统体育文化有其独特的精神力量，给中华民族带来顽强的生命力，并以其特别的思维方式引导精神文化不断创新和发展壮大，为非物质文化遗产的发展起到重大推动作用。在当代世界的经济、科学技术等迅猛发展和全球化进程加快的同时，非物质文化遗产遭受了不同程度的损坏，公众对其的保护意识并没有随着世界经济的迅速发展而相应提高，相反，实际生活中出现了一系列对其破坏和滥用的现象，导致大量珍贵遗产受到不同程度的破坏甚至消失。因此，采取有力措施保护非物质文化遗产迫在眉睫。为了保护我国的非物质文化遗产不受破坏，我国的法律制度已逐渐建立起来。然而，将法律条文用于实践还需要一段时间的努力。文化遗产的价值逐渐被发掘出来，但对其的损坏现象越来越严重，我国的传统体育文化也在破坏之列，若不及时在立法和实践上加以保护，其形势将十分严峻。对于世界各地的薪火相传、博大精深的优秀文化遗产，如何在法律上和实践中有针对性地予以保护，是各位法学专家以及从事相关体育工作的工作人员需要迫切解决的难题。

自中华人民共和国成立以来，国家对传统体育逐渐开始重视，并将对其的保护工作付诸实践。1950年北京召开了关于武术的座谈会，武术被列为体育工作的一部分，会议还提倡传承和发展具有我国特色的武术。1952年，成立了国家体育运动委员会，随后体育研究生制度建立，武术项目也成为体育重点项目。1953年，在天津开展全民体育竞赛和表演活动，即我国第一届全国少数民族传统体育运动会。1956年，我国体育运动委员会以传统太极拳为基础，与众多体育专家共同编制了"24式简化太极拳",为普及太极拳提供了良好的学习内容,自此太极拳更容易传播到海外,被国外太极拳爱好者学习运用。保护工作的不断实践,在各方面取得了一些成效。我国传统的体育项目已经有多项被收录于国家级非物质文化遗产名录中,包括蹴鞠、围棋、象棋、少林功夫和太极拳、赛马会等。此外,大量的传统体育文化遗产被收录于各省市和自治州的地方性遗产名录中,例如,武术之乡河北沧州的通臂拳,湖北武汉的杂技以及重庆的木洞龙舟等。虽然各部门出台了一系列针对非物质文化遗产保护的法律法规,但是并没有专门针对传统体育文化保护的,只有极少数的体育法律中涵盖了传统体育文化的保护。《体育法》第15条规定了国家在体育文化方面的职责:"国家鼓励、支持民族、民间传统体育项目的发掘、整理和提高。"国务院1995年颁布的《全民健身计划纲要》中指出:"挖掘和整理我国传统体育医疗、保健、康复等方面的宝贵遗产发展民族、民间传统体育。"

目前,我国在保护非物质文化遗产方面面临着保护与发展相矛盾、主体不明确等问题。因此,在对其进行保护的过程中,要采用公法和私法共同保护的模式。根据我国目前的法律体系,我国以《体育法》《知识产权法》《商标法》等公法保护为主,私法保护为辅。相关部门采取了大量的救济措施,完善行政法律保护机制,为濒危而极具价值的非物质传统体育文化遗产建立法律屏障。2004年8月28日,我国成为世界上第八个被批准通过加入《保护非物质文化遗产公约》的国家。《关于加强文化遗产保护的通知》全面阐述了保护文化遗产的方针政策和最终目标等。我国共有1000多项遗产名列已公布的国家级非物质文化遗产名录中,其中约15%为我国少数民族传统的体育文化遗产。此外,我国部分地区也制定了地方性法律法规保护民间传统体育文化。根据有关资料显示,已有2000多项文化遗产进入此前国务院公布的两批非物质文化遗产名录中,民族传统体育文化遗产在这些遗产中占到很大一部分。我国《非物质文化遗产法》集中体现了我国保护非物质文化遗产的行政方式，确立了各级政府部门分级保护、奖励等制度。但是，我国对体育文化知识产权的立法保护却极为罕见。无论从个人角度还是国家角度，体育文化作为一种智力成果，个人和国家应当尊重它，将它作为知识产权加以保护。传统体育文化的权利所有人应当享有丰厚的收益，然而实际却并非如此。当前体育文化的权利人相对于使用人还处于弱势地位，加上法律制度的保护还不够全面，导致权利人在体育文化利用过程中收益的不平衡。利益的天平向强大的使用人倾斜，我国民族传统体育的权利人并没有从中获得应当享有的收益。在国际平台上，体育文化权利人和使用人收益不平衡的现象更为严重。我国传统体育文化遭受侵害的现象屡见不鲜。例如，美国、日本以及欧洲的一些国家和地区对我国的非物质文化遗产的商标抢注事件，如少林寺、江格尔、刀郎木卡姆等文化遗产被抢注为罐头、啤酒、火腿肠等商标品牌，这严重侵害了我国知识产权利益。其中，少林寺文化有关权利被侵害现象尤为严重，在国外的一些国家和地区中，诸多行业的多家企业已经抢注少林商标一百多项。在国内诸多酒业、汽车等行业的百余家企业中，已经抢注少林商标多达五十多个，这些企业借助少林寺的巨大影响力，从中谋取暴利，不仅侵害了少林寺文化的知识产权利益，也极大地损害了我国民族传统文化的声誉。导致我国少林寺文化的传承人在国外进行武术表演，展示我国传统文化魅力时，反被抢注商标的企业侵害了自身应享有的权益而得不到及时的救济。

目前我国保护非物质文化遗产的法律体系和名录基本形成，并在实践中不断完善，取得了一系列成效。国家加大了对非物质文化遗产的财政投入。截至 2010 年底，已经有 28 个项目被列入"人类非物质文化遗产代表作名录"，财政投入累计 17.89 亿元。为了检验工作成果，推动民族和民间传统体育活动的开展，继承和弘扬我国优秀体育文化，1953 年，国家体育运动委员会主任贺龙提出八字方针，该方针的内容即"发掘、整理、提高、推广"。同年 11 月，在天津开展全民体育竞赛和表演活动，即我国第一届全国少数民族传统体育运动会。在 1982 年 12 月召开的工作会议上，国家体育运动委员会提出：目前紧急任务是要挖掘和抢救传统的体育文化遗产，如武术等。2006 年 5 月，我国有 17 项传统体育项目列入首批非物质文化遗产名录中，包括回族重力武术、蹴鞠、武当武术、天桥中幡、太极拳、邢台梅花拳、蒙古族搏克等。2008 年 6 月，国务院公布第二批非物质文化遗产名录，收录了形意拳、八卦掌、八极拳、峨眉武术、红拳、沙力搏尔式摔跤、鹰爪翻子拳、满族二贵摔跤、土族轮子秋、左各庄杆会、风火流星等共计 38 项传统体育项目。2011 年 5 月，国务院公布第三批非物质文化遗产名录，十八般武艺、拦手门、孙膑拳、赛龙舟、高杆船技等名列其中。

当今世界全球化进程加快，各国文化相互交融，这在促进文化交流的同时，也给我国传统体育文化带来巨大冲击，使其面临诸多危机。我国对传统体育智力成果的法律保护体系尚不全面，还不能适应当今世界精神文明发展的步伐，导致我国许多珍贵的文化遗产不断被破坏、非法滥用甚至面临消亡。诸如美、日等国家和地区对我国少林文化商标的抢注现象层出不穷；西方一些国家的企业盗用我国舞龙舞狮的传统文化冠以驰名商标。可见，尽快建立健全和完善我国对传统体育文化保护的法律体系迫在眉睫。我国既要顺应时代发展，又要在文化大融合的潮流中为文化发展提供强有力的法律武器，争取在知识产权的国际交流和谈判中掌握主动权，以保障我国的传统体育文化不受非法侵害。①

---

① 唐梅，谭成清，黄鹏. 长沙市体育科技研发与知识产权服务研究 [J]. 当代体育科技，2017，10：149 – 150.

西方现代体育文化的巨大冲击以及我国法律体系的不完善，导致我国对体育非物质文化遗产的保护难以到位，致使体育非物质文化遗产不断被破坏甚至消亡，极大地损害了我国的民族利益。各级体育工作部门应当引起高度重视，不断推进法律体系的完善，为我国的传统体育文化保驾护航，为传统体育文化的发展壮大提供源源不断的动力。

（三）民族传统体育非物质文化遗产知识产权保护存在的问题

我国现有的法律体系在保护非物质文化遗产方面还不能面面俱到，有针对性的专门保护体育非物质文化遗产知识产权的理论尚不完善。因此，有关保护体育传统文化的法律法规还存在不少理论和现实问题。

首先是关于保护和发展的问题。为了防止非物质文化遗产受到破坏并促进其稳定发展，我国制定了各类地方法规和规章制度为其保护工作提供法律保障，这在一定程度上起到有力的保护作用，避免了非物质文化遗产的消亡，使其具有发展的价值。这些保护的法律基本为公法，防止知识产权的主体遭到破坏。但是，过多地利用公法对其进行保护，势必会阻碍文化的传播以及发展，这便违背了文化发展壮大的初衷，使其丧失强有力的生命力。创新是体育文化发展壮大不可或缺的动力，应当公法和私法相结合，这样既能保障权利人的知识产权不受侵害，又能防止外国的非法盗用。若单独使用一种保护方式，就会存在一些关于发展和传播的问题。其次是关于保护的时间段的问题。现代法律体系对体育文化的保护是一个相对静止和稳定的过程。而体育文化历史悠久，并随着时间的推移不断发展和流传，这在时间上是一个动态的过程。知识产权保护是有期限的，过了保护的期限，就能为他人使用该智力成果，因此文化发展的无限性和法律保护的时间有限性相矛盾。最后是主体认定和创新性的评估问题。传统体育文化在发展的过程中不断丰富和完善，是一个动态和永久性的过程，但是法律是对知识产权的创新性成果进行保护，因此不能确定体育文化是在哪个时间段、由谁进行了什么程度的创新。以被誉为"武术之乡"的沧州为例，不同的乡镇对于武术的理解和拳法基本都不一样，所以在武术这个大范围里，某个具体的拳打、走势或者打法是谁在何时进行创新发明的呢？知识产权法保护的主体如何确定？时间如何固化？保护的范围如何界定？这都是法律体系在落实过程中面临的难题。

目前，在保护非物质文化遗产的工作上，我国正在实行的法律在学术领域有着不错的反响，然而在现实生活中，难免会面对一些问题。为了促进我国体育文化的发展，国家或者体育的传承者势必会加大宣传力度，使世界各国人们了解我国的体育文化并积极参与其中，在这个过程中，若将该文化遗产为传承人或国家私有化，所有要使用该文化遗产的个人或国家都得向权利人支付相应的经济费用，势必会阻碍文化遗产的弘扬和传播，更不利于文化遗产走向国际，如此一来，将严重阻碍我国传统文化的长期稳定发展。故笔者认为，我国传统的体育文化作为非物质遗产的一部分，必须在使用中赋予其一定的经济价值，防止不法分子非法滥用和盗用、过度开发等违法行为，避免严重损坏我国的利益。以我国的"少林功夫"为例，这是我国首批进入非物质文化遗产名录的项目。少林文化以其独特的魅力吸引着世界各国人们的喜爱，向国际社会展示了我国文化的博大精深。然而，某些国家却趁此机会非法盗用和剽窃我国少林文化商标，美、日、欧洲等国家和地区纷纷加入到抢注我国少林文化商标的行列，例如"少林拳""少林功夫""少林武术""少林全套功夫"等。据资料显示，我国以五花八门的内容抢注少林文化商标的武术学校已达80所，这些学校没有经过任何授权，以酒店、轮胎和电线等方式抢注了54个商标，严重扭曲和破坏了我国少林文化的导向性，使公众曲解了对少林功夫的认识和了解。所以，我们有必要拿起法律的武器，严厉惩治非法滥用和歪曲我国优秀体育文化的非法行为，加快我国保护文化遗产的全球化进程，大力弘扬我国优秀传统文化。

四、我国体育非物质文化遗产法律保护的方式

我国《非物质文化遗产法》第 44 条规定，非物质文化遗产中涉及知识产权的部分，配合相关的法律法规使用。2008 年 6 月，国务院发布《国家知识产权战略纲要》，明确提出：及时对传统知识、民间艺术和地理标志等方面立法保护，进一步完善知识产权法律法规。我国民族传统体育非物质文化遗产可以在我国现行知识产权法律制度保护范围内，探索自己的品牌价值和经济效益，保护自己的商业机密，以防被他人侵权使用，从而实现对国家传统体育非物质文化遗产的保护。

我国《非物质文化遗产法》为大部分民族传统体育的保护提供了法律依据，其规定传统体育是组成我国非物质文化遗产的重要方面，也是数千年来中华民族文化不断积累和创新的成果。当然，我国《非物质文化遗产法》不可能解决所有体育文化领域的相关纠纷和问题，但传统体育可以因为该项法律得到更好的保护。显而易见的是，中国对文化遗产的保护正处于起步阶段，特别是与民族传统体育文化相关的配套法律还不够完善，民族传统体育文化的立法仍然存在很多漏洞。民族传统体育文化的丰富性、独特性和多样性，决定民族传统体育文化的保护方式不是单一的，而是由多种方式组成。我国《非物质文化遗产法》以非物质文化遗产为角度保护传统体育文化，并没有明确规定具有中华民族特色的体育运动的文化内涵和形式。因此，以我国《非物质文化遗产法》《体育法》及知识产权法等现有法律体系为依托，制定科学的、适合我国国情的民族传统体育非物质文化遗产的保护体系是保护体育文化的最有效手段，本书在这里提出以下建议。

（一）权利主体

民族传统体育非物质文化遗产的形成，是一个国家或地区持续数

百或数千年不断传承和发展的结果。因此，将传统体育非物质文化遗产纳入知识产权法的保护范围，必须要界定权利主体，以满足国家传统体育非物质文化遗产受到法律保护的基本要求。从权利归属的对象来说，我国民族传统体育非物质文化遗产的权利主体有自然人、集体组织、政府部门或国家三种。

（1）自然人。自然人是指任何文化的继承者。民族传统体育项目有着独特的表现方式、训练技巧等，但是这些技巧一般掌握在少数艺术家手中，他们拥有精湛的传统技术和艺术知识，既是传统体育文化的典型代表，又是民族文化的活化石。这些艺术文化的"活化石"在一定程度上复兴了民族传统文化。所以，我们在制定民族传统体育非物质文化遗产法律保护体系时，必须覆盖到这些文化遗产的传承者，赋予他们合法地位。

（2）集体组织。很多官方或民间组织在集体活动中共同创造了文化遗产，可能是时间太久的原因，无法追寻到项目的具体创作者和继承者。这些文化遗产代表了一个国家或地区的传统民俗或特点，并且完全融合到民族文化当中去了。为保护这类文化遗产，遗产信息应该由集体组织掌握，集体组织是权利的主体，可以借用政府的力量加以保护和发展。

（3）政府部门或国家。除了上面的两个类型，由个人、集体组织作为权利主体，其他在我们国家广泛普及的文化遗产，应归国家或由国家授权的政府部门统一管理，如国家体育总局或文化部。

（二）权利对象

知识产权是在人民的日常生活中无意或者有意形成的无形资产，是一种精神财富。根据学术界的观点，体育界知识产权的对象类别有体育项目、体育标志、体育技术、体育非专利技术、著作权、专利权、商标权等。笔者认为这种表述是不太确切的，知识产权的对象是各种无形的资产而不是权利。如果说要保护传统体育非物质文化遗产的知识产权，那么首先需要保护的是非物质文化遗产本身。我国有许多民族传统运动，表现形式多种多样，难以科学地定义保护对象。例如，中国武术具有多种流派和分支，少林功夫作为第一批列入国家非物质文化遗产名录的传统体育运动，有数百套套路拳法、气门、点穴等独门功夫，是数百年来前人创造、后人传承并创新的宝贵财富。因此，不仅要根据传统运动的特点来分门别类，而且要依据分类来准确界定保护对象。

（三）权利内容

一般认为，知识产权包括两部分：人身权和财产权。人身权是具有人身自由的个人在法律中的表现，它跟权利归属者共存。比如说，书籍的作者对其所创作的作品享有署名权、发表权等。人身权是精神上的权利。财产权是指法律承认权利归属人的作品后，权利人可以利用这些作品获得奖励或报酬的权利，这一权利也被称为经济权。从知识产权的角度来看，民族传统体育非物质文化遗产的法律保护主要包括著作权、商标权、专利权等。

1. 著作权保护

我国《著作权法》第2条规定："中国公民、法人或者其他组织的作品，不论是否发表，依照本法享有著作权。"我们由此可知，在传统体育领域，我国《著作权法》主要保护以作品形式表现的民族传统体育非物质文化遗产，比如说书籍、论文、口头作品、图片、音像制品、视频作品、传统的技巧等。国家级非物质文化遗产少林功夫，藏有历代少林武学经典《金刚经》《大藏经》《高丽藏》等数以万册；少林功夫的数百套拳法、套路功夫秘籍；达摩面壁石的5000余卷佛教经文、图卷等，这些经典都受到我国《著作权法》保护。民族传统体育非物质文化遗产的所有权主体享有署名权、修改权、保护作品完整权、复制权以及法律规定的其他权利。

体育非物质文化遗产被创作成为作品之后，将会在公共市场进行传播和流通，创作者将智慧和行动融合到作品本身，这种创作行为需要受到法律保护，而表演这些已成型的作品的主体也享有权利，这项权利叫做"邻接权"。我国《著作权法》第38条规定"表演者对其表演享有下列权利：（一）表明表演者身份；（二）保护表演者形象不受歪曲；（三）许可他人从现场直播和公开传送其现场表演并获得报酬；（四）许可他人录音录像，并获得报酬；（五）许可他人复制、发行录有其表演的录音录像制品，并获得报酬；（六）许可他人通过信息网络向公众传播其表演，并获得报酬。被许可人以前款第（三）项至第（六）项规定的方式使用作品，还应取得著作权人许可，并支付报酬。"例如，少林寺僧人继承了少林武术的传统文化，他们为了传播少林文化，弘扬中华武学，多次受邀访问欧美、亚洲其他地区，为当地人民表演少林功夫，弘扬中华民族传统非物质文化遗产，作为传播者的武僧受到其他各国各地区人民的欢迎和接待，在这样的情况下，武僧享受表演的邻接权。

虽然民族传统体育文化作为我国非物质文化遗产的一部分，也应当受到法律的保护。但实际上，想要在实践中实现对体育非物质文化遗产的著作权保护，需要从以下几个方面入手。

（1）形成作品。

我国《著作权法》第3条关于保护对象的规定，我们理解为只有民族传统体育项目以作品的形式展现出来，才能受到我国《著作权法》的保护。比如，传统武术的新套路、新拳法，凡是有记载的武术作品，都可以得到法律的保护，作者及其版权所有者可以直接获得法律保护。少林功夫作为第一批国家非物质文化遗产，其数百套的功夫套路、拳法拳谱都可以受到法律的保护。

（2）确定权利主体。

我国《著作权法》第9条规定，著作权人包括作者和其他依照本法享有著作权的公民、法人或者其他组织。但中国传统民族体育非物质文化遗产的创造者大多是无法确认的，而且具有跨区域、跨民族的特征，其创造和传承也呈现出复杂多样性。所以，如果发生侵权行为，民事诉讼的主体无法被明确认定。我国文化部确定了前三批国家级非物质文化遗产项目的继承人，其中少林功夫继承人释永信就是很好的例子。在少林功夫的权益受到侵害时，释永信作为继承人站到法律的诉讼主体位置。在相关的法律实战中，可以认为文化遗产继承人就是被国家承认的权利主体。其他的民族传统体育项目，相关的当地政府部门可以参考此类案件的司法实践，通过规范法律法规，建立主体、权利、义务鲜明的著作权管理体系，维护传统体育非物质文化遗产权利人的合法利益。

2. 商标权保护

我国《商标法》第8条规定，"任何能够将自然人、法人或者其他组织的商品与他人的商品区别开的标志，包括文字、图形、字母、数字、三维标志、颜色组合和声音等，以及上述要素的组合，均可以作为商标申请注册。"除了人用药品和烟草需要强制注册商标之外，我国对其他商品的商标注册申请并没有作出强制性规定。在实际的商标维权案件中，只有通过申请注册商标才能够享受到法律保护。因此，民族体育非物质文化遗产的标志和名称要想受到《商标法》的保护，只能通过申请商标注册的手段。虽然，我国目前还没有将非物质文化遗产列入现行商标法，但在实际操作中，我国已经对非物质文化遗产实施了商标法保护。1998年，在当地政府的支持与引导下，少林寺投资成立了河南少林寺事业发展有限公司，并且以"少林寺""少林"等名称在商标的武术分类中申请注册商标。2009年，该公司又注册"少林药局"图形商标，其中包括了四个汉字"少林药局"英文名称

"SHAOLIN MEDICINE""始创于公元1217年"这些基础信息。现在，少林寺已经注册了45个类别，200多项注册商标。在这里，我们建议可以从三个方面着手规范体育非物质文化遗产的商标注册类型，即商品商标、服务商标和集体商标。例如，体育非物质文化遗产中武术门派各自都有自己独特的武术器材，如太极剑、梨花枪、少林棍等，它们一般是由模型制作而成，或者是由手工精心打造而成，这些武术器械作为门派武术不可缺少的一部分，也可以作为商品注册商标。传统武术门派历史悠久，套路复杂，已经无法找到明确的创始人，注册商标可能由多个主体组成，为了防止武术门派出现"冒牌军"，或者被其他别有用心的国家或组织利用，依旧需要注册商标，这种情况下可以申请集体商标。随着我国民族传统体育非物质文化遗产检测水平的不断提高，鉴定和检测组织部门、文化部和国家体育总局肩负着发展中华民族传统体育非物质文化遗产的重大使命，这几个部门可以作为商标注册主体，申请注册相关的体育文化遗产商标，注册后授权给相关的单位或组织使用。

3. 专利权保护

近些年，发达国家利用自己先进的研究技术和能力将发展中国家的非物质文化遗产据为己有，申请为自己的专利成果，转化为自己的产品，谋取了经济利益。众所周知，瑜伽起源于印度，但美国将100多项印度瑜伽的创新技术申请注册了专利。这种形式的文化侵略和掠夺不亚于实战性的破坏，应该引起发展中国家申请保护民族非物质文化遗产作为国家专利的法律意识。根据我国《专利法》相关规定，专利保护的对象分发明专利、实用新型专利和外观设计专利。其中发明是指对产品方法或新技术方案的改进；实用新型是指适用于原有产品的新技术、形状等；外观设计是指基于工业产品外观设计、产品包装、艺术设计相关的颜色及美感的新设计。

中国目前的专利制度在保护民族传统体育非物质文化遗产方面具有一定的应用空间。如传统体育项目舞龙舞狮的表演形式设计、道具和服装设计，可以申请外观设计专利保护；中华民族传统武术中没有公开的武术训练技巧，包括养生气功的练习方案、一些传统武术装备的专用生产方法、独门医药配方等，皆可申请专利保护。另外，鉴于专利保护的区域性，专利的法律有效性仅限于申请地国家。跨出国门的专利要想受到当地法律的保护，需要在其他国家和地区依据当地法律申请专利。

4. 地理标志保护

地理标志表现的是商品归属地的自然因素和人文特性，它能够反映该商品的品牌、品质或其他特点。以法人或其他团体组织为主体申请注册的地理标志，一般情况下不能够转让。地理标志一般都寓意了固定的属性。地理标志也可以作为保护体育非物质文化遗产的一种方式，它能够为申请非物质文化遗产的项目提供法律身份。《商标法》第16条第2款规定："前款所称地理标志，是指标示某商品来源于某地区，该商品的特定质量、信誉或者其他特征，主要由该地区的自然因素或者人文因素所决定的标志。"民族传统体育非物质文化遗产精彩展现了当地的自然条件和人文习俗，具有地理标志的特色和传统，是文化资源的一个重要领域。所以说，申请注册商标中的地理标志也是保护国家传统体育非物质文化遗产的一个重要途径。在国家级非物质文化遗产名录中，包括少林功夫、峨眉武术、武当武术在内的传统体育项目，都具有地理标志的特性，可以申请地理标志的保护。①

---

① 钟薇. 体育无形资产和知识产权相关性研究［A］. 中国体育科学学会体育产业分会（Chinese Association of Sport Industry）. 第四届全国体育产业学术会议文集［C］. 中国体育科学学会体育产业分会（Chinese Association of Sport Industry）:，2009：1.

统计数据显示，截至 2015 年 12 月 31 日，我国地理标志注册数量逐年得到大幅度增加，共有 2984 个注册申请获批了地理标志，这表明我国地理标志保护意识正在逐渐增强。体育非物质文化遗产具有的地域性，更多体现的是区域文化资源，即区域范围内自然环境和人文文化的集合，我们称之为地理特征或地方特征。同样，体育非物质文化遗产与地理标志类似，两者都具有地域特色。

5. 商业秘密保护

我国《反不正当竞争法》第 9 条第 3 款是这样定义商业秘密的："商业秘密，是指不为公众所知悉、具有商业价值并经权利人采取保密措施的技术信息和经营信息。"我国传统的体育项目中有很多富有奇效的健身方式、中医药理疗秘方、手工制作器械方法等，这些传统的体育项目一般是由家族、门派在小范围的公开，通过内部传授传承下来，有着中华民族传统的神秘面纱和神奇力量。在外界看来，这些秘方、方法、工艺等都具有巨大的商业发展潜力，所有人需要进行精心保密防止被外界窃取。因此，可以给予这类体育非物质文化遗产以商业秘密形式的保护，避免因为申请专利而被要求强制性披露，这样做同样能够受到一定的法律庇护，更好地保留其价值和神秘性。

6. 其他方式

除了上文提到的五种保护方式（包括著作权保护、商标权保护、专利权保护、地理标志保护、商业秘密保护），还可以适用我国的《反不正当竞争法》中关于"不正当竞争行为"的有关规定，来保护民族传统体育非物质文化遗产。而民族传统体育文化的不正当竞争侵权行为有假冒注册商标、在没有经过权力所属方授权的情况下使用其名称或品牌名称、欺诈使用认证商标等。目前，国内"少林 XX 学校"层出不穷，实际上经少林寺授权教授少林功夫的学校是极少数的，大部分武校和武馆只是冒用"少林"的名称。

另外，在信息现代化社会，我国关于民族传统体育的品牌最直接体现在网络域名上，采用现代网络信息技术也是一种保护传统体育有效的形式。由于保护意识不足，像"少林""武术""太极"等英文域名并非为官方所有，"www.shaolinwushu.com"就是被其他武术组织注册并使用。由于域名注册的特殊性，即谁先注册所有权归属谁，因此并不存在侵权注册一说。但随着社会信息化的普及和运用，网络成为我们生活中必不可少的一部分，信息网络方面的体育非物质文化遗产保护，需要我们格外重视。笔者在这里呼吁，要提高传统体育文化遗产的权利主体的网络保护意识，防止别有用心之人钻取法律空子，冒用传统体育文化的品牌和信息。

五、民族传统体育非物质文化遗产的知识产权保护模式

中国传统体育文化得以延续千年，主要在于广大群众对其的保护、创新和发展。作为我国的非物质文化遗产的重要组成部分，传统体育文化形成了自己独特的模式。当前，有很多学者从非物质文化遗产的视角探索研究传统体育非物质文化遗产的保护模式，但很少从知识产权的角度探索其保护模式。在国际社会中，传统体育非物质文化遗产的知识产权保护模式研究依旧是大家关注的重点。由于存在地域差异性，知识产权相关的法律保护制度不能一一满足传统体育非物质文化遗产保护的需求，在国际范围内还没有在知识产权保护的理论上建立统一的体系。另外，非物质文化遗产本身与知识产权体系在某些方面还存在冲突。因此，对传统体育非物质文化遗产的保护难以规范。笔者以现行的法律为基础，总结出三种保护传统非物质文化遗产的模式。

（一）行政法主导的保护模式

国际上一些发达国家在公共法律中有针对性地制定了关于保护非物质文化遗产的法律法规，比如，日、韩、法等国家。这些法律法规

并不是依据知识产权的内容，而是根据非物质文化遗产的基本特性和民族习惯制定的。19 世纪末，日本先后颁布并实施了三个与文化遗产保护相关的政策，三个政策的共同作用是保护日本的非物质文化遗产。在此基础上，日本在 20 世纪 50 年代制定了《文化财保护法》，该法明确了文化资产的定义，并且是首次以法律的形式保护日本非物质文化遗产。日本在 1954 年版的《文化财保护法》中新增了对于无形的文化财所有人的认定制度、民族传统的非物质文化遗产相关资料的保留制度。1966 年日本再一次修订了该法，制定了文化财等级制度。为了全面实施该项法律，日本政府特意划拨巨资作为非物质文化遗产保护制度执行专款。正是因为日本在文化保护方面较其他国家先行一步，日本传统文化现在才能得到更好的传承与体现。

（二）直接知识产权法律主导的保护模式

利用版权法、专利法等知识产权法律制度对非物质文化遗产进行保护的模式称为直接知识产权法律主导的保护模式。亚洲发展中国家、拉丁美洲国家的版权法、专利法等知识产权制度覆盖非物质文化遗产保护。意大利在相关的法律制度中给予非物质文化遗产的文学作品以无限期的著作权保护，任何盈利性行为使用文学作品都需要征求行政部门的同意，并且支付费用方可合法使用；非洲某些发展中国家借鉴了意大利的做法；埃及的法律规定传统民族文化不归属于个体，而是属于全国人民的共同智慧成果，其归属权属于国家，凡是使用传统民族文化的行为都需要向国家交付一定费用；非洲其他国家已经做了一些效果不错的实践，坦桑尼亚在 1966 年制定的《坦桑尼亚版权及邻接权法》规定，文学艺术的从业组织和团体应该及时传播传统文化表演，积极开展大规模文化活动。

（三）知识产权专项的保护模式

21 世纪初，菲律宾、巴拿马等发展中国家经济蓬勃发展。为了更好地保护本国的非物质文化遗产，这些发展中国家开始倡导建立知识产权专项保护制度。这些发展中国家开始兴起知识产权专项保护模式，该模式通过国家文化部门制定保护非物质文化遗产专项保护制度，保护非物质文化遗产的经济价值和社会价值。知识产权专项保护制度没有保护时限，权利人享有永久性的归属权利，不存在到期消失的说法。例如，巴拿马在 2000 年的时候，针对民族传统知识产权设立了专项保护法律，即第 20 号法，它是为保护文化特征和传统知识、针对本土社区集体权利建立专门知识产权制度而制定。第 20 号法创新了非物质文化遗产知识产权保护的模式，它的使用需要认可以下条件：保护的权利属于非物质文化遗产的特殊权利，与已有的知识产权存在差异，但又存在相互联系，从某些方面来看，非物质文化知识产权与普通的公民权利有类似之处，传统文化保护权、知识产权、公民基本权三者可以在法律社会共同融合，因此不需要太多专项法律制度来覆盖所有的公民权利和知识产权。笔者认为，为了非物质文化遗产能够得到全面的保护，而它与知识产权在某些方面实际上是重叠的，因此，从知识产权的视角来对非物质文化遗产进行立法保护是比较好的选择。

六、从知识产权视角保护我国民族传统体育非物质文化遗产的相关建议

笔者认为，虽然我国知识产权法中涉及了非物质文化遗产的保护，但目前来看，知识产权法中保护非物质文化遗产的相关法律条文还处于亟待完善的阶段，依旧需要以行政保护知识产权为主导力量。因此我们需积极利用现有的知识产权法律制度，合理保护国家传统文化的发展。同时我们应该使用法律法规配合政府有关部门制定的行政管理制度，塑造法律法规保护立体网络，将知识产权保护、人权保护有机结合，综合、全面地保护民族传统体育非物质文化遗产。

（一）进一步完善民族传统体育非物质文化遗产的法律制度体系

我国 2011 年通过并施行的《非物质文化遗产法》，对非物质文化遗产的范畴做出明确界定，它指是"各族人民世代相传并视为其文化遗产组成部分的各种传统文化表现形式，以及与传统文化表现形式相关的实物和场所。"其中包括了传统体育和游艺，明确把传统体育纳入了非物质文化遗产的保护范畴。并且该法律在制定过程中，学习借鉴了国外发达国家的文化保护的成功经验。《非物质文化遗产法》展现了我国现代立法体系的先进理念。1995 年我国施行的《体育法》自颁布后已经执行了二十多年的时间，时代也发生了日新月异的变化，《体育法》于 2009 年 8 月 27 日、2016 年 11 月 7 日先后进行了两次修改，以适应时代的转换。但到目前为止，《体育法》依旧笼统地提出"国家鼓励、支持民族、民间传统体育项目的发掘、整理和提高"，但采取何种鼓励、支持措施并没有明文规定。因此，在下次修改《体育法》时，应该补充保护民族传统体育文化的传统与发展作为国家的重要责任的条款。至于鼓励、支持传统体育项目的发掘、整理和提高的具体措施，可以出台对应的行政制度，国家体育总局和其他各级体育组织可以运用《体育法》，制定与体育管理和文化相关的规章制度，全面保护传统体育，为保护权利主体的合法权益提供法律依据。

当务之急是体育行政部门要制定与《体育法》中"国家鼓励、支持民族、民间传统体育项目"有关的具体性行政法规，这是保护我国传统体育的需要，也是建设文明体育、法制体育的基础保障。《非物质文化遗产法》需要与地方性法规配合使用，以达到事半功倍的效果，而不是各自为政，自说自理。在保护传统体育的项目、方式、相关部门的责任与义务等方面作出具体约定。体育非物质文化遗产等传统民族文化都具有公共特征，即它属于广大群众的创造成果，同时反过来也服务于全民族。公共特征的特殊性决定了该项权利归属主体将会具有特殊的排他性。因此，应该大力发挥体育传统文化的公共效应，以规避权利垄断带来的负面影响。这将有助于传统体育文化向高层次、多领域发展，更易于被大众所接受，同时也能够达到维护权利主体合法权利的目的。

（二）加大民族传统体育非物质文化遗产执法的工作力度

每一项法律法规的落地都需要实际执法，以保障法律的有效实施，而法律救济就是为了预防和补救侵害体育文化权利的行为造成的损害。我国法律救济主要包括预先救济和补救救济两个方面。

预先救济是指预先设计使传统体育文化免于遭受侵权的法律制度。预先救济制度包含传统体育文化的财政支持和奖励制度。补救救济是传统体育文化遭受到侵权后的责任制度，主要包括民事、行政、刑事责任和警告制度。补救救济立法的缘由是因为一些人员的松懈和失职导致了传统民族文化遭受侵害，因此我们考虑建立两种具体的制度：一种是警告制度，通过专业的监管机构对责任懈怠和工作失职的人员进行口头或书面警告，并且发出限期整改的通知；第二种是忽视警告，这种警告是针对已经无视前期警告，导致传统体育文化遭到严重破坏或其他严重后果的行为和个人，追究其民事责任、行政责任以及刑事责任。救济制度应该在民族传统体育文化相关的法律和制度体系中有明确规定并落地执行。

（三）加强民族传统体育非物质文化遗产归属群体的主观保护意识

我国的民风淳朴，公民在关于传统非物质文化遗产的保护上缺少应有的法律保护意识。譬如我国的端午节非物质文化遗产反而被韩国注册作为本国的非物质文化遗产。学会和主动运用《著作权法》《商标法》《非物质文化遗产法》和《体育法》等法律和规章制度，维护民族传统体育非物质文化遗产权利人的合法权益，及时对符合条件的传统体育文化申请相关的专利、商标等，应该及时以法律武装我国传统体育文化，防止传统知识产权受到侵害时无法可依。

（四）建立有效的民族传统体育文化保护机制

目前，我国形成了以国家体育总局牵头管理，地方设立传统体育文化管理行政机构管理地方体育文化事务的管理体系，共同搜集、发掘、整理地方非物质文化遗产，开展非物质文化遗产资源普查工作。

由于传统民族体育种类具有复杂性，归属权主体具有团体性，成果形式具有多样性等，各级体育部门要与相应的文化部门结合，发挥各自的优势，资源共享，建设国家级、省级、市级、县级民族传统体育非物质文化遗产名录，给予各级传统体育文化管理机构收录的体育文化合法性保护。而针对名录中传统体育文化项目的继承人和传承者，可以根据实际情况给予经济补助和法律援助，激励群众推广和继续延续民族传统体育文化，避免我国宝贵的体育非物质文化遗产因缺少继承人而带来巨大文化损失。倡导建设民族传统体育文化遗产的博物馆或展览中心，更好地保护民族传统体育非物质文化遗产相关的文物、资料等实物。同时，鼓励传统体育非物质文化遗产继承人、团体、民间或官方组织，对传统文化进行专利权、商标权的申请注册。共同建立民族传统体育文化保护中心，将国家、省、市、县四级传统体育非物质文化遗产名录收录的项目建成数据中心，全面记录民族传统体育非物质文化遗产的项目名、表现形式、流传形式、特征、权利归属等信息，以现代科技手段保存非物质文化遗产，为知识产权保护提供大数据。

非物质文化遗产具有传承性和多样性，传承的方式有继承、社会传承、群体传承等。继承者掌握了传统体育非物质文化遗产的项目精髓和特殊技能，不仅是非物质文化遗产的活化石，而且作为非物质文化遗产项目的代表人，以实际行动为世界呈现了五彩斑斓的传统民族文化。因此，体育行政体系中应该设立传统体育遗产普查的调查部门，并以调查部门的调查结果为基础，保护国家传统体育非物质文化遗产。这是保护传统体育非物质文化遗产的重要方式。这要求我们体育管理部门在认定传承者时，加强对认定流程和经费使用的监督管理，同时还需要注意监管传承者的商业活动。

七、小结

我国民族传统体育非物质文化遗产的保护具有公共法律保护和自我保护的双重属性，在实践中，我们应该兼顾双方。我国目前的传统体育文化主要还是依靠公法保护。我国传统体育非物质文化遗产和知识产权之间有着非常密切的关系，知识产权保护制度涵盖了传统国家非物质文化遗产领域，并结合传统民族体育系统的特殊性进行了必要的创新。中国目前的知识产权法在保护民族传统体育的非物质文化遗产方面发挥了积极作用，但还存在不足。因此，完善以知识产权法为主要核心，非物质文化遗产保护法、体育法等法律为辅助的法律保护体系，无缝衔接各法律或法律部门，进一步促进国家法治理念和立法技术的进步，才能及时、有效地保护民族传统体育非物质文化遗产。

第七章

结论

体育知识产权是权利人在体育竞赛或相关产业经营等活动中创造的具有经营性标志的新型智力成果，依据法律的规定对该智力成果所享有的专有权利。从主体来看，体育知识产权的权利人主要包括自然人、法人、其他组织，甚至还包括国家，这些权利人可分为原始取得主体和继受取得主体。从客体来看，体育知识产权的客体是权利人在体育领域所创造的具有经营性标志的智力成果和工商业标记。

体育赛事转播大大促进了体育产业的发展。但体育赛事转播的权利在中国没有明确的立法定义，其法律属性一直受到争议。特别是，随着互联网时代的到来，体育赛事网络转播行为越来越多，这一问题更加凸显。对此，借鉴外国先进立法，在立法层面，可以将广播权和信息网络传播权统一为传播权，将表演、展览等行为统一归到"向公众传播"中，只要被告人的未经授权行为达到了"公众表演"的程度，在没有法定免责条款的情况下，应当承认被告侵犯了原告的"传播权"；在司法实践层面，在目前我国立法保护尚未到位之时，充分发挥判例案件的指导作用，可以作为法院解决相关纠纷的参考，以维护法之公平正义。

体育冠名权是体育赞助的主要形式。体育冠名权是一项具有公共财产性质的私人权利，涉及体育相关事物的冠名，由于具有的公共属性，注定应受到公共法律的监管和保护。我国法律暂时没有规定体育冠名权的条款，冠名合同既不是买卖合同，也不是商业广告合同，而是授权许可合同。我国在解决体育冠名权纠纷案件时有很大困难，究其原因就是知识产权保护的执法力度不够，违法成本较低，冠名权易受到新闻媒体的侵害，更易受到来自于物主的侵害，缺乏充分的立法保护和约束，需要针对体育冠名权的独特属性配置一套直接的保护规则。

体育非专利技术是一种知识产权，它是在长年的体育运动发展过程中，积累出的具有一定技巧性的技术。对于体育非专利技术，应着重从《反不正当竞争法》方面进行规范及保护。具体而言，应明确体育非专利技术的侵权类型及相应的救济手段，规范体育非专利技术的转让程序，加大对体育非专利技术的侵权行为的打击力度。确定我国体育非专利技术的法律地位，完善相关的法律制度，实行法制保护的全面覆盖是未来我国体育非专利技术立法的一个重要方向。

我国民族传统体育非物质文化遗产的保护具有公共法律保护和自我保护的双重属性，在实践中，我们应该兼顾双方。我国目前的传统体育文化主要还是依靠公法保护。我国传统体育非物质文化遗产和知识产权之间有着非常密切的关系，知识产权保护制度涵盖了传统国家非物质文化遗产领域，并结合传统民族体育系统的特殊性进行了必要的创新。中国目前的知识产权法在保护民族传统体育的非物质文化遗产方面发挥了积极作用，但还存在不足。因此，完善以知识产权法为主要核心，非物质文化遗产保护法、体育法等法律为辅助的法律保护体系，无缝衔接各法律或法律部门，进一步促进国家法治理念和立法技术的进步，才能及时、有效地保护民族传统体育非物质文化遗产。

参考文献

［1］张玉超．我国体育知识产权的基本法律问题研究［J］．中国体育科技，2014，02：103 - 111．

［2］张岩晶．试论我国体育知识产权的保护问题［J］．体育科技文献通报，2014，06：117 - 118．

［3］段鲁艺．民族传统体育文化知识产权保护的伦理基础［J］．重庆理工大学学报（社会科学），2014，02：47 - 50 + 87．

［4］张玉超，李红卫．知识产权视野下我国民族传统体育文化的法律保护［J］．南京体育学院学报（社会科学版），2011，02：50 - 55．

［5］赵发田．创意经济时代：民族传统体育发展的新契机［J］．体育与科学，2011，03：84 - 87．

［6］薛原．体育论文 IDEA 的知识产权保护［J］．体育科研，2011，02：101 - 103．

［7］王志高，周明华．我国民族传统体育自主知识产权制度文化的软实力建设［J］．搏击（武术科学），2011，08：110 - 111 + 120．

［8］秦庆，张宁，王文宾．民族传统体育知识产权保护研究［J］．运动，2011，16：142 - 143 + 154．

［9］袁燕，蒋志华．试论体育运动技战术创造发明的知识产权问题［J］．南通航运职业技术学院学报，2011，04：12 - 14．

［10］耿晓晨，田雪文．知识产权视角下的体育科研档案管理研究［J］．山东体育科技，2011，04：47 - 49．

［11］陈彬，胡峰．论奥林匹克知识产权保护的法律依据［J］．体育科学，2008，03：79－85．

［12］韩勇．中国体育法学的回顾与前瞻——以问题为导向的研究综述［J］．天津体育学院学报，2008，04：320－327．

［13］马法超，于善旭．体育无形资产、体育知识产权和体育无形财产权关系辨析［J］．体育科学，2008，09：74－79．

［14］潘民，梁伟．我国竞技体育职业化进程的联赛无形财产权［J］．体育学刊，2012，03：55－57．

［15］刘银燕．知识产权制度在民族传统体育文化发展中的作用［J］．河南商业高等专科学校学报，2012，03：72－76．

［16］林小爱，计华．大型体育赛事特许商品知识产权的管理［J］．武汉体育学院学报，2012，07：43－49．

［17］张玉超，郭春阳，杨家坤．我国体育知识产权保护制度的建设与完善［J］．体育学刊，2012，05：41－47．

［18］王卓，崔乐泉．对我国优秀民族传统体育非物质文化遗产保护与知识产权制度兼容与互动的研究［J］．体育科技，2012，03：4－8．

［19］李圣傅．学校体育侵权的认识与规避［J］．体育世界（学术版），2012，10：9－10．

［20］张岩晶．试论我国体育知识产权法律保护制度的构建［J］．贵州体育科技，2012，04：12－15．

［21］杨家坤，张玉超．我国民族传统体育文化的知识产权保护研究［J］．山东体育学院学报，2012，06：43－46．

［22］常娟，李艳翎．论体育冠名权及其法律界定［J］．北京体育大学学报，2005，10：1320－1322．

［23］赵小林．浅谈我国体育用品的知识产权保护［J］．商场现

代化，2005，27：146.

[24] 张春燕，张厚福．体育知识产权的研究进展 [J]．成都体育学院学报，2005，01：14-18.

[25] 石喆．我国体育赛事运营中的知识产权保护研究 [D]．山东体育学院，2015.

[26] 邓春林．体育产权分解式：物权、债权、知识产权和股权 [J]．天津体育学院学报，2010，01：14-18.

[27] 吴尚义．我国体育知识产权的发展现状与法律保护 [J]．忻州师范学院学报，2010，01：87-88.

[28] 李志斌，韦玮，张之顺．当前体育知识产权保护及策略分析 [J]．中国经贸导刊，2010，12：74.

[29] 陆作生，陈娇霞．我国相关法律对体育知识产权的保护 [J]．武汉体育学院学报，2010，11：39-42.

[30] 陈礼永，马小华．高校体育产业化过程中的知识产权保护 [J]．泰安教育学院学报岱宗学刊，2010，04：126-128.

[31] 孙凤毅．体育知识产权资产证券化的国际经验 [J]．武汉体育学院学报，2016，06：48-54.

[32] 钟薇．论体育知识产权与非物质遗产的异质性和互补性 [J]．特区经济，2013，02：172-174.

[33] 韩玉冰，王永胜．体育与知识产权的探骊 [J]．体育科技文献通报，2013，09：20+35.

[34] 曾小娥，肖谋文．我国民族传统体育非物质文化遗产的法律保护——以知识产权保护为视角 [J]．体育与科学，2013，05：83-86.

[35] 秦大魁．我国体育知识产权保护与研究 [D]．西南大学，2006.

［36］李长鑫．我国体育用品业知识产权研究进展［J］．绵阳师范学院学报，2013，08：104－107．

［37］王蕴哲．我国民族传统体育知识产权保护研究［J］．才智，2013，05：201．

［38］谭秀湖．基于数字传播的体育知识产权保护研究［J］．成都体育学院学报，2013，12：41－44．

［39］王国飞，黄恬恬．我国体育知识产权法律保护研究［J］．体育成人教育学刊，2014，06：9－12．

［40］周晓燕．上海体育知识产权保护制度的建设与完善［J］．体育科研，2015，04：37－41＋59．

［41］张厚福，赵勇戈，胡建国，等．体育知识产权的产生与我国体育知识创新［J］．武汉体育学院学报，2003，03：7－9＋25．

［42］马小华，李开广．体育知识产权法律界定刍议［J］．首都体育学院学报，2003，02：8－10．

［43］于爱丽，孙静．大型体育竞赛中的知识产权保护［J］．山东体育学院学报，2003，01：26－28．

［44］李延军，谢兰．浅析2008奥运后我国体育知识产权的保护［J］．山东体育科技，2009，03：31－35．

［45］赵是瞻．体育知识产权保护［D］．湘潭大学，2008．

［46］何丽苹．北京奥运会奥林匹克知识产权的保护研究［D］．武汉体育学院，2009．

［47］金先军．论我国体育知识产权法律保护制度的构建［D］．延边大学，2009．

［48］涂丛英．体育科研档案管理与知识产权保护探析［J］．武汉体育学院学报，2006，06：29－32．

［49］梁枢．我国体育用品技术创新的产学研模式研究［D］．山

东大学，2015.

　　［50］邓平．我国大型体育赛事知识产权保护现状及发展对策研究［D］．北京体育大学，2009.

　　［51］马法超．体育相关无形财产权问题研究［D］．北京体育大学，2007.

　　［52］张春燕，钟明宝，李丽．体育知识产权研究进展［A］．中国体育科学学会．第七届全国体育科学大会论文摘要汇编（一）［C］．中国体育科学学会，2004：1.

　　［53］倪雅娟．论体育标志的知识产权保护［A］．浙江省体育局、浙江省体育科学学会．浙江省第十三届运动会体育科学论文报告会论文集［C］．浙江省体育局、浙江省体育科学学会，2006：3.

　　［54］唐梅，谭成清，黄鹏．长沙市体育科技研发与知识产权服务研究［J］．当代体育科技，2017，10：149－150.

　　［55］王志伟，王波．试论保护体育赛事知识产权的必要性［J］．体育世界（学术版），2016，12：17.

　　［56］衣朋华．"斗拐"斗出特色体育项目［N］．中国知识产权报，2006－04－26.

　　［57］谭正安．我国体育知识产权保护的现状及对策研究［A］．Intelligent Information Technology Application Association. Proceedings of the 2011 Second International Conference on Education and Sports Education（ESE 2011 V4）　［C］．Intelligent Information Technology Application Association，2011：2.

　　［58］梁士斌．互联网体育知识产权保护联盟成立［N］．法制日报，2015－07－22.

　　［59］樊蓓蓓．浅谈中国体育产业知识产权保护［A］．中国体育科学学会体育信息分会．2016年第十二届全国体育信息科技学术大会

论文摘要汇编（体育图书文献研究）［C］. 中国体育科学学会体育信息分会，2016：1.

［60］钟薇. 体育无形资产和知识产权相关性研究［A］. 中国体育科学学会体育产业分会（Chinese Association of Sport Industry）. 第四届全国体育产业学术会议文集［C］. 中国体育科学学会体育产业分会（Chinese Association of Sport Industry），2009：1.

［61］Aaron N. Wise & Bruce S. Meyer，International Sports Law and Business，Kluwer Law International，1997.

［62］Benjamin G. Rader，In Its Own Image，How Television Has Transformed Sports，New York，The Free Press，1984.

［63］Edward Grayson，Sport and the Law（Third Edition），Lndon：Buterorths，2000.

［64］Ian S. Blackshaw & Robert C. R. Siekmann，Sports Image Rights in Europe，Asser Press，2005.

［65］J. Quirk & R. R. Fort. The Business of Professional Team Sports. Princeton University Press，2001.

［66］James A. R. Nafziger，International Sports Law，New York：Transnational Publishers Inc，2004.

［67］Joseph William Singer，Property Law（Third Edition），CITIC Publishing House，2003.

［68］Julis C. S. Pinekaers，From Privacy toward a new intellectual Property right in Persona，Kluwer Law International，1998.

［69］Martin J. Greenberg，Sport Law Practice，Miehie Co. ，1993.

［70］Michael J. Beloff，Tim Kerr & Marie Demetriou，Sports Law，Hart Publishing，1999.

［71］Ninuner，The Right of Publicity，19 Law & Contemp orary

Promblems, 1954.

［72］ WIPO, Introduction to Intellectual Property: Theory and Practice, Kluwer Law International, 1997.

［73］Martin Sehixllke. The International Sports Law Journal, 2005.

［74］J. Sackville, "Legal Protection of Indigenous Culture in Australia", Cardozo J. Int' l & Comp. L. , 2003.

［75］T. Janke, Minding Culture: Case Studies an Intellectual Property and Traditional Cultural Expressions, Geneva, WIPO Publication NO. 781E; Case Ⅱ, 2003.

［76］L. Grenier, "Working with Indigenous Knowledge: A Guide for Researchers", Ottawa: IDRC.

［77］WIPO Report on Fact-finding Missions on Intellectual Property and Traditional Knowledge (1998 ~ 1999), Intellectual Property Needs and Expectation of Traditional Knowledge Holders, Geneva, April, 2011.

［78］ Edward Lee, The public's Domain: The Evolution of Legal Restraints on the Government's Power to Control Public Access through Secrecy or Intellectual Property, 55 Hastings L. J. 91, 2003.

［79］Susanna Frederick Fischer. Dick Whittington and Creativity, From Trade to Folklore, From Folklore to Trade, Texas Wesleyan Law Review, 12 Tex. Wesleyan L. Rev. 5, 2005.

［80］ Combed, Plenary Session Transcript U. C. Daxis Law Review, 40U. C. Davisl. Rev. 1275, 2007.

［81］ Molly Torsen, Intellectual Property and Traditional Cultural Expressions, A Synopsis of Current Issues, Intellectual Human Rights Law Review. 3 Intercultural Hum. Rts. 1. rev. 199, 2008.

［82］ Wend land, Intangible Heritage And Intellectual Property:

Challenge And Future Prospects, Museum International, 2004.

[83] Model Provision for National Laws on the Protection of Expressions of Folklore. Against Illicit Exploitation and other Prejudicial Actions with a Commentary. UNESCO & WIPO. 1985. http：//www. wipo. in.

[84] Watt D C. Event management in leisure and tourism [M]. Addison Wesley Longman Ltd, 1998：2.

[85] Allen J, O'toole W, Harris R, et al. Festival and Special Event Management, Google eBook [M]. John Wiley & Sons, 2012：11.

[86] Getz D. Event management & event tourism [M]. New York：Cognizant Communication Corporation, 1997：4.

[87] Bently L, Sherman B. Intellectual Property Law [M]. Oxford University Press, USA, 2014：17 - 18.

[88] Andrew Caiger Simon Gardiner. Regulation and Regulation [M]. TMC Asser Press, the Hague, 2001.

[89] Adam Epstein. Sports Law [M]. Thomason Delmar Learning, 2003.

[90] Edward Grayson. Sports and the Law [M]. Butterworth, 2000.

[91] Alicia Wagner Calzada. Shut out：The dispute over media access rights in high school and college sports [J]. De Paul Journal of Sports Law & Contemporary Problems, 2010, 7 (3)：1 - 4.

[92] Eric E. Johnson. The NFL, intellectual property, and the conquest of sports media [J]. North Dakota Law Review, 2010, 86：761 - 771.

[93] Chris Deubert. Putting shoulder pads on schleck：How the business of professional cycling could be improved through a more American structure

［J］. Brooklyn Journal of International Law, 2011, 37: 71 – 80.

［94］ Joe Forward. Sports and Law ［J］. Wisconsin Lawyer, 2012, 85 (9): 6 – 10.

［95］ Ariel Y. Bublick. Are you ready for some football?: How antitrust laws can be used to break up directive exclusive right to telecast NFL's Sunday ticket package ［J］. Federal Communications Law Journal, 2011, 64 (12): 227 – 233.

［96］ Tim Hance. Threading American Needle: Defining a narrow relevant market for rule of reason analysis in sports antitrust cases ［J］. Virginia Sports and Entertainment Law Journal, 2011, 11 (9): 250 – 261.

［97］ Jihan Joo. Public video gaming as copyright infringement ［J］. AIPLA Quarterly Journal, 2011, 39 (9): 3 – 11.

［98］ Nathaniel Grow. Antitrust and the bowl championship series ［J］. Harvard Journal of Sports & Entertainment Law, 2011, 2 (12): 54 – 57.

［99］ Andreas Zagklis, Heiner Kahlert. Restrictions by EU member states on the exclusive grant of broadcast rights on pay-TV upheld ［J］. Entertainment and Sports Lawyer, 2011, 29 (3): 2 – 4.

［100］ Bari Solomon. Friend or Foe? The impact of technology on professional sports ［J］. CommLaw Conspectus, 2011, 20: 1 – 11.

［101］ Eric Blevins. College Football's BCE (bowl cartel system?): An examination of the bowl championship series agreement under the Sherman act ［J］. Sports Lawyers Journal, 2011, 18 (3): 6 – 11.

［102］ David L. Ricci. The worst from of championship, except for all of the other that have been tried analyzing the potential antitrust vulnerability of bowl championship ［J］. Villanova Sports and Entertainment Law Journal, 2012, 19: 12 – 13.

［103］ Deanna Brock. BCE Europa： An analysis of the bowl championship series under ［1］ Seagull Haiyan Song. How should China respond to online piracy of live sports telecasts A comparative study of Chinese copyright legislation to US and European legislation ［J］. Denver University Sports and Entertainment Law Journal, 2010, 3 (8)： 5 - 9.

［104］ David Allen Green. Copyright in the EU after FAPL and Karen murphy ［J］. Communications Lawyer, 2012, 13 (1)： 1 - 3.

［105］ J. Gordon Hylton. The over-protection of intellectual property right in sport in the United States and elsewhere ［J］. Journal of Legal Aspects of Sport, 2011, 21 (12)： 48 - 53.

［106］ Sonali Chitre. Technology and copyright law-illuminating the NFL is 'blackout' rule game broadcasting ［J］. Hastings Communications and Entertainment Law Journal (COMM/ENT), 2010, 33 (7)： 97 - 99.

［107］ Michelle Newman. Foul territory： Identifying media restrictions in high school athletice outside the bounds of first amendment values ［J］. Texas Review of Entertainment & Sports Law, 2012, 14 (3)： 60 - 63.

［108］ Jenine Hulsmann. Exclusive territorial licensing of content right after the EU premier league judgments ［J］. Antitrust, 2012, 26 (8)： 34 - 37.

［109］ Brand on Leibsohn. Analysis of the NCAA ruler prohibiting a school-or conference-owned television network from television high school sports events ［J］. Marquette Sports Law Review, 2013, 23 (12)： 436 - 444.

［110］ The European commission white paper on sport ［J］. Georgia Journal of International and Comparative Law, 2011, 39 (12)： 5 - 13.

［111］ Robert L. Saltzman. Television news access to exclusively owned sporting events: A comparative study [J]. Sports Lawyers Journal, 2000, 7 (3): 1.

[112] Roman Zagrosek, Sandra Schmieder. Centralized making of sports broadcasting right and antitrust law [J]. Seton Hall Journal of Sports and Entertainment Law, 2004, 14: 381 – 382.

[113] Darsh U. Patel. Wisconsin interscholastic athletic ass'n V. Gannett Co. a dollar and a stream: Exclusive broadcasting license does not violate the first [J]. Sports Lawyers Journal, 2012, 19 (3): 374 – 376.

附　　录

附件：访谈提纲

1. 我国体育知识产权保护目前存在哪些主要问题？

2. 目前我国体育产权保护的制度建设中存在的主要问题是什么？

3. 对于体育赛事转播的法律保护您有何建议？

4. 请您谈谈体育知识产权保护与体育产业发展的关系？

5. 如何保护体育的非专利技术？

主要专家访谈名单

吴汉东——中南财经政法大学原校长

何炼红——中南大学法学院副院长

陈　礼——美国特拉华州立大学体育系教授

高　赞——美国明尼苏达大学体育系教授

肖冬梅——湘潭大学法学院院长

汪　洪——北京市知识产权局局长

李　舜——湖南省体育局党组书记、局长

龚世益——湖南省知识产权局原局长

汤长发——湖南师范大学体育学院院长

金育强——湖南师范大学体育学院原院长

李艳翎——湖南师范大学体育学院原院长

马卫平——湖南师范大学体育学院教授

张继生——湖南师范大学体育学院教授

罗湘林——湖南师范大学体育学院教授

田祖国——湖南大学体育学院院长

刘亚云——湖南工业大学体育学院院长

李　钟——北京市知识产权局副局长

刘跃红——湖南省知识产权局原副局长

丁　旭——湖南省知识产权局副局长

覃永忠——湖南省知识产权局副局长

徐拥军——长沙市知识产权局副局长

段永兴——株洲市科学技术局副局长

罗宗红——常德市科学技术局副局长

陈　兵——湖南省体育产业集团总经理

李　弘——知识产权律师

李　翔——知识产权律师